REINHARD VON HIPPEL

Gefahr in der Strafrechtspraxis

REINHARD VON HIPPEL

Gefahrurteile und Prognoseentscheidungen in der Strafrechtspraxis

Berlin 1972

WALTER DE GRUYTER · BERLIN · NEW YORK

Als Habilitationsschrift
auf Empfehlung der Rechtswissenschaftlichen Fakultät der Universität Köln
gedruckt mit Unterstützung der Deutschen Forschungsgemeinschaft

ISBN 3 11 003729 7

Alle Begriffe, in denen sich ein ganzer Prozeß semiotisch zusammenfaßt, entziehen sich der Definition; definierbar ist nur das, was keine Geschichte hat

Nietzsche, a. a. O. S. 373

VORWORT

In einer Situation, in der nahezu alles im Bereich des Strafrechts als Variable behandelt werden kann, läge es nahe, in eine allgemeine und damit tautologische Theorie auszuweichen. Damit würde aber die — Rechtswirklichkeit gestaltende — Praxis mit ihren Problemen ignoriert oder gar vor theoretische Anforderungen gestellt, denen sie überhaupt nicht entsprechen kann. Deshalb habe ich unter dem *Postulat der Möglichkeit von Praxis* versucht, wissenschaftstheoretische Ansätze mit Rechtstatsachenforschung zu verbinden.

Primärer Gegenstand der Untersuchung ist das Sprachverhalten der Juristen, da ihr Arbeitsmedium Sprache ist. Problemlagen sind damit nur feststellbar durch den Nachweis des Vorkommens bestimmter Satz- und Entscheidungstypen. Das wichtigste ‚Spielmaterial' liefert die Strafrechtspraxis. Die jeweiligen Kontexte sind zwar vom Verfasser gewichtet, das Material als solches ist aber weitgehend austauschbar, d. h. *exemplarisch.* Deshalb konnte auch darauf verzichtet werden, in das im Sommer 1970 abgeschlossene Manuskript nachträglich erschienene Literatur einzuarbeiten.

Bei den gewählten Untersuchungsmethoden mußte dagegen wegen gravierender Verschiebungen der ‚Materiallage' durch das 1. und 2. StrRG auf Modellanalysen zu den Prognoseentscheidungen verzichtet werden. Der elegante Ausweg, dieses Buch als „Band I" zu bezeichnen, enthielte seinerseits das Wagnis einer Prognose. So erschien es ehrlicher, diese Schrift auch der Form nach offen und fragmentarisch herauszugeben.

Zu danken habe ich insbesondere *Richard Lange*, der mir in langen Jahren der Zusammenarbeit nie irgendwelche Beschränkungen methodischer oder inhaltlicher Art auferlegt hat, der *Deutschen Forschungsgemeinschaft* für die Förderung des Druckes und nicht zuletzt meiner Frau und meinen Kindern, die alle Lasten einer Habilitation mitgetragen haben.

Köln, im Januar 1972

Reinhard von Hippel

INHALTSVERZEICHNIS

Seite

Vorwort VII

Literatur- und Abkürzungsverzeichnis 115

I. Allgemeine Grundlegung: Zum Problem der Rechtsanwendung 1

§ 1 Vorläufige Bestimmung des Untersuchungsgegenstandes 1

1. Erste Bestimmung des Untersuchungsgegenstandes 1
   Subsumptionssyllogismus/Sachverhaltserforschung und -feststellung/ empirische Hilfswissenschaften
2. Leitlinien der Untersuchung 2
   Zunehmende Bedeutung von Fahrlässigkeitstaten, Gefährdungsdelikten und Prognoseentscheidungen; dadurch bedingte Erkenntnisschwierigkeiten: unkontrollierte Einführung hypothetischer Momente/Integration von Einzelwissenschaften in foro als normatives Problem
3. Zur weiteren Behandlung des Themas 4

§ 2 Eingrenzung des Themas: Probleme der Rechtsanwendung 5

1. Begründung des modus procedendi 5
2. Formale Struktur der Rechtsanwendung 5
   Sprachzeichen/Objektsprache und Metasprache
3. Probleme der formalen Subsumption 6
   —Justizsyllogismus — Logistik — Topik —: Zerfall der Rechtsbegriffe
4. Sechs Thesen zu einer linguistischen Theorie der Rechtsanwendung 12

§ 3 Relative Unbestimmtheit („vagueness") beim Mittelbegriff und Rechtssicherheit 14

1. Rechtssicherheit 14
   Idealtypische Strukturen rechtlichen Sprachgebrauchs/Gutachterprobleme/ nicht rationalisierbare Erfahrungen
2. Sachkompetenz und Rechtssicherheit 19
   Beweisrechtstypen/technische Beweise/Entstehung judizieller Beweisregeln
3. Sprachkompetenz und Rechtssicherheit 20

II. Möglichkeit — Wahrscheinlichkeit — Rechtssicherheit 21

§ 4 Probleme der Realmöglichkeit 21

1. Vorbemerkung 21
2. Die eine Realmöglichkeit bei Nicolai Hartmann 22
3. Die Vielfalt des Realmöglichen bei Ernst Bloch 24

Seite

4. Realmöglichkeit und Strafrechtsanwendung 25
Gefahrurteile und Prognoseentscheidungen müssen ohne den Begriff des Realmöglichen auskommen

§ 5 Vorrechtliche Wahrscheinlichkeitsbegriffe und Strafrechtspraxis 26
Zur Terminologie/kein juridischer Apriorismus/ Kontextabhängigkeit der Relevanzen/Pluralität von Wahrscheinlichkeitsbegriffen/Notwendigkeit der Analyse konkreter Entscheidungskontexte

§ 6 Wahrscheinlichkeit und Sachkompetenz — rechtliche Wahrscheinlichkeitsbegriffe und Strafrechtspraxis 29

1. Die Entscheidung über den Sachverhalt 30
modus procedendi/Idealtypen: Sachkompetenz des Gesetzgebers und Wahrscheinlichkeit; Sachkompetenz des Richters und Wahrscheinlichkeit

2. Sachkompetenz des Tatrichters und Verifikation 31
Überzeugung des Gerichts und Wahrheit/praktische Unmöglichkeit der Sachverhaltsverifikation/Formeln in der Rechtsprechung/Entscheidung über den Sachverhalt/allgemeine Erfahrungssätze als Konvention und Verlagerung der Sachkompetenz/ein warnendes Beispiel/Unzulässigkeit der Planung von Justizirrtümern

3. Der Praktikabilitätsrigorismus von RGSt 61,202 und der Stand der allgemeinen Wissenschaftstheorie 36
Freie oder gebundene Beweiswürdigung/7 mögliche Implikationen von RGSt 61,202/Kritik: Stand der Entscheidungstheorie — synthetische Apriori oder Verzicht auf Wahrheitsanspruch — induktive Logiken und Entscheidung — Zwecke und Reduktion von Komplexität — Hypothese und Klassifikation — ein häufiger Satztypus — Probleme der Einzelhypothesenwahrscheinlichkeit

4. Vertiefung der Kritik: Komplexitätsgrad von Sachverhalten und Geltungsumfang von Sätzen 40
Unbekannte Wahrscheinlichkeiten/strikte Hypothesen als Ausnahme/bewährtes Erfahrungswissen/funktionale Endgültigkeit der Entscheidungen/Sprachökonomie/Lückenhaftigkeit des empirischen Wissens/Plausibilität/Normativität der Entscheidungsrelevanzen und -adäquanzen/Zusammenfassung: die Bedeutung von RGSt 61,202 heute

5. Probleme der Beweiswürdigung nach der Rechtsprechung 44
Zwei Gedankengruppen/subjektiver und objektiver Wahrscheinlichkeitsbegriff/6 Thesen zu strafrechtlichen Wahrscheinlichkeitsbegriffen

§ 7 Rechtliche Kontrollen 48

1. Kontrollen innerhalb des Beweissystems 48
   a) Kontrollen kraft Zuständigkeit in Tatsacheninstanzen 48
   Berufung: Wiederholung der Probleme/Unüberprüfbarkeit der pragmatischen Verschiebung

Seite

b) Kontrollen kraft Zuständigkeit in der Revisionsinstanz 49
Relativierung der Unterscheidung von Tat- und Rechtsfrage/Entscheidung über die Geltung von Konventionen/10 Thesen zum Beweisrecht

2. Kontrollen außerhalb des Beweissystems 52
a) Pragmatische Kontrollen 53
Der gesetzliche Richter/Ausschließung und Ablehnung von Gerichtspersonen/die Zurückweisung an ein anderes Gericht
b) Kontrollen gegenüber dem Prinzip der Rechtskraft 54
Limitierter Regreß als Bedingung der Möglichkeit von Praxis/Postulierte Wahrheit/Erschütterung von Präsumptionen/spezielle normative Wahrscheinlichkeitsbegriffe

III. Signifikante Problemgruppen der Strafrechtspraxis 57

Vorbemerkung 57

§ 8 Verletzungsdelikte 58

1. Der Erfolg 58
Dynamik der Konventionsbildung/Rechtsbegriffe oder rechtlich verbindliche vorrechtliche Begriffe/rechtliche Plausibilität/ Evidenzannahmen und Wissenschaft/neue Problemlagen/Erfolgsmessung

2. Das Kausalitätsurteil 59
Kausalität und Täterschema/Fiktion des Kausalurteils in der Strafrechtspraxis/historische Relativierung von Kausalurteilen/rechtliche Wahrscheinlichkeit als subjektive/hypothetisches Geltungskriterium/Funktion rechtsideologischer Sätze/4 Thesen zur Irrelevanz von Kausalbegriffen/die Praxis/Bedingungstheorie und Wissenschaftsbegriff/Hintergrundprobleme/Regulative in Zivil- und Strafprozeß/der Ausdruck „gesetzmäßige Bedingung"/„Gesetz" und Einzelfall

3. Kausalitätsurteile in der Rechtsprechung 69
Vorbemerkung/zur Sprachentwicklung in der Rechtsprechung

4. Analyse einiger Entscheidungen 70
Zur Materialauswahl / Grundmodell: BGHSt 17,181 / Variationen: modus operandi — Variation 1: BGHSt 1,332 / Variation 2: BGHSt 2,62 / Variation 3: BGHSt 1,11 / Variation 3: BGHSt 21,59 / abschließende Würdigung

§ 9 Gefahrurteile 80

1. Der Untersuchungsgegenstand 80

2. Der Ausdruck „Gefahr" 81
Sprachliche Verwicklungen/das „Täterschema"/Sprache und Wirklichkeit/Analyse eines Zitats/Gefahr als Prädikation/Zweideutigkeit des Ausdrucks: „ist"

§ 10 Gefahrurteile und Praxis 83

1. Der Gefährdungserfolg 83

Seite

2. Das Bewertungsobjekt ... 84
Funktion des Strafrechts und Urteilsmodus/Imputation und Zukunft/kein ontologischer Gefahrbegriff/„ist" als Copula/Notwendigkeit normativer Steuerung
3. Probleme der Aufstellung gesetzlicher Gefahrbegriffe ... 85
Deskription oder Teleologik/Gesetzgebungsmethodik und dogmatische Kontroversen/Gesetzgebung und Informationsrückfluß/Mittel der Aufstellung gesetzlicher Gefahrbegriffe

§ 11 Modellanalysen ... 86

1. Verletzungserfolgstatbestände ... 86
Modell 1: §§ 212,222 StGB/Modell 2: § 263 StGB/Modell 3 a: § 224 StGB/Modell 3 b: § 224 StGB
2. Gefährdungserfolgstatbestände ... 90
Modell 1: § 306 Ziff. 2, 3 StGB/Modell 2: § 223 a, 4. Alternative StGB/Modell 3: § 315 c Nr. 2 StGB/Modell 4: §§ 19, 21 WStG

§ 12 Die Gewinnung konkreter Gefahrurteile ... 96

Zusammenfassung und 2 wissenschaftstheoretische Thesen/Normativität und Erfahrung/pragmatischer Unterschied zwischen Gefährdungs- und Verletzungserfolg/Determinationen

§ 13 Die Gefahrurteile nach der Rechtsprechung ... 98

1. Das Material ... 98
Der modus procedendi/theoretische Mißverständnisse/subjektive Versuchstheorie ./. konkrete Gefahrurteile in der Rechtsprechung/zur Bedeutung gesetzlicher Gefahrbegriffe für die Entwicklung der Rechtsprechung/rechtspolitische Relevanzen
2. Das Rechtsprechungsprogramm ... 101
Analysen von: BGHSt 18,271 und Rspr.RG 6,98/RG 10,173/die weitere Rechtsprechung
3. Die Anknüpfung an die Erfahrung ... 106
Der Ausdruck „überwiegende Wahrscheinlichkeit" und mathematische Wahrscheinlichkeitsrechnung/Wahrscheinlichkeitsrechnung und Strafrechtspraxis: Latenz der Straftaten; rechtsideologische Grundlagen/Normativität des Gefahrbegriffs/dogmatische Objektivierungen oder institutionelle Garantien: die Fiktion rein kognitiver Urteilsgrundlagen — Wissenschaftstheorie und Praxis — Intersubjektivierbarkeit der Entscheidungsgrundlagen — Fiktivität traditioneller verbaler Bezugsrahmen — die tatsächliche Determination durch Erfahrungswissen per analogiam — der dominante Satztypus — Verlagerung des Problems — die Prädikation als Gegenstand richterlicher Überzeugungsbildung — Kontrollen

§ 14 Zur Funktion konkreter Gefährdungstatbestände ... 110

Systematik und dogmatische Tradition/Systematik und Limitierung des Kriminalunrechts/kriminalpolitische Gründe für die Zweiteilung der Erfolgs-

Seite

delikte/zwei Problemschichten der Gefährdungsdelikte/verschiedene gesetzliche Ausstattung/Rechtsgutsprobleme/offene Aufgaben bei der Bewältigung technischer Massenphänomene

§ 15 Prognoseentscheidungen 113

Zum Stand von Gesetzgebung und Rechtsprechung/3 Thesen zur Gesetzgebungsarbeit

I. ALLGEMEINE GRUNDLEGUNG: ZUM PROBLEM DER RECHTSANWENDUNG

§ 1
VORLÄUFIGE BESTIMMUNG DES UNTERSUCHUNGSGEGENSTANDES

Das Thema muß zunächst negativ begründet werden durch Ausklammern all dessen, was mit dieser Arbeit nicht geleistet werden kann. Erst dann kann aufgezeigt werden, um welche generellen Probleme der sozialregulativen Veranstaltung „Strafrecht" es geht. Allgemeiner formuliert könnte das Thema lauten: Über hypothetische Momente im Strafrecht. Diese Formulierung wäre insofern zu weit, als bereits jeder Akt der Anwendung von Strafrechtssätzen in mehrfacher Hinsicht hypothetische Momente einschließt.

1. Erste Bestimmung des Untersuchungsgegenstandes

1. Es hat sich gezeigt, daß die Vorstellung der *Subsumption* im traditionellen Sinne, die abhängig war von der Vorstellung eines ‚vollkommenen' Gesetzes, seit dem Aufgeben des Auslegungsverbotes, wie es in der Aufklärung gegolten hat, mit den heutigen methodologischen Erkenntnissen von der *Rechtsauslegung* nicht mehr zu vereinbaren ist[1]. An die Stelle des Kommentierungsverbotes sind Kommentare getreten, die wichtige Entlastungsfunktionen bei der weitgehend routinemäßigen Entscheidungsfindung in der großen Masse der Strafprozesse mit weitgehend gleichförmigen Entscheidungsmaterien erfüllen. Aus der Rechtsprechung und Lehre übernommene griffige Formeln einer in der Praxis entwickelten Rechtssprache haben eigene Funktionen übernommen, die sinnfälligen Ausdruck finden in dem Werbespruch: „Was im Palandt steht, das gilt"[2].

Dieser Satz ist rein empirisch zu verstehen und berührt weder die methodologische Auseinandersetzung über die Topik in der Jurisprudenz[3], noch die Frage, ob eine einheitliche Geltungslehre heute noch ausreicht. Es ist nicht Aufgabe dieser Arbeit, eine allgemeine Rechtsfindungslehre zu entwickeln[4].

2. Jeder Akt der Rechtsanwendung setzt Sachverhaltserforschung und -feststellung voraus. Auch hier entstehen theoretische und praktische

---

[1] Ausführliche Dokumentation bei *Kriele*, a. a. O.

[2] Vgl. *Edelmann*, a. a. O. N. 520 am Ende, (S. 82).

[3] Grundlegend: *Viehweg*, a. a. O.; die sich anschließende Literatur könnte nur noch in willkürlicher Auswahl nachgewiesen werden.

[4] Zum Problemstand vgl. *Kriele*, a. a. O. m. ausführlicher Bibliographie.

Schwierigkeiten, die Gegenstand einer eigenen Arbeit sein könnten. Das Institut der Wiederaufnahme des Verfahrens impliziert das Vorkommen von unzutreffenden Sachverhaltsfeststellungen, das Institut der Rechtskraft fingiert deren Richtigkeit bis zur Grenze der Wiederaufnahmeverfahren[5]. Die Entscheidungsgründe beziehen sich nicht auf die Wirklichkeit, sondern auf die prozeßförmig gewonnene Darstellung eines Vorganges[6], deren Übereinstimmung mit der Wirklichkeit nur hypothetisch angenommen wird. Ungewißheiten werden nicht nur im Zivilprozeß durch Entscheidung nach Beweislast und im Strafprozeß nach der in-dubio-Regel gelöst, sondern auch durch die richterliche Überzeugungsbildung usw. Es ist nicht Aufgabe dieser Arbeit, eine allgemeine Theorie der Sachverhaltsgewinnung zu entwickeln[7].

3. Leithorizont der Untersuchung sind spezielle Probleme der Entscheidungsfindung, die insbesondere bei Gefahr-[8] und Gefährlichkeits[9]-urteilen durch die besonderen Eigenheiten des Erkenntnisobjektes entstehen. Bei diesen Urteilen werden — vom Recht aus gesehen — Hilfswissenschaften wie naturwissenschaftliche Kriminalistik oder empirisch-anthropologische Disziplinen zur Entscheidungsfindung herangezogen. Dabei bringt nicht nur das durch die Rechtsprechung auf griffige Formeln reduzierte Problem des Sachverständigen im Prozeß[10] weitere hypothetische Momente in den judiziellen Entscheidungsprozeß, sondern auch die Erkenntnisprobleme der jeweiligen empirischen Disziplin, die in foro weitgehend durch Konventionen[11] oder Obergutachten verdeckt werden. Es ist weder beabsichtigt, eine Monographie über den Sachverständigenbeweis vorzulegen, noch etwa *inhaltlich* die einzelnen kriminologischen Prognoseverfahren oder kriminalistischen Diagnosemethoden zum Gegenstand der Untersuchung zu machen.

2. *Leitlinien der Untersuchung*

Nach dem weitgehenden Ausschluß all dessen, was nicht Gegenstand der Arbeit ist, können zum Verständnis der Untersuchung vorläufig folgende positive Anhaltspunkte gegeben werden:

1. Sowohl durch das Entstehen immer neuer Gefahrenquellen unserer hoch-industrialisierten Umwelt, wie auch durch ein steigendes Bedürfnis nach

---

[5] Vgl. sogar § 119 StGB.

[6] Vgl. insbesondere *Gerhart Husserl*, a. a. O. S. 146 ff., insbes. S. 149 ff.

[7] Bibliographische Nachweise z. B. bei *Henke*, a. a. O.; *Hruschka*, a. a. O.; *Leipold*, a. a. O.

[8] Bezogen auf Handlungen und/oder Zustände als deren Folge.

[9] Bezogen auf Personen und deren Verhalten.

[10] Besonders aufschlußreich BGH GA 62, 116, vgl. dazu S. 15 ff.

[11] Beispiele: generelle Annahme der Zurechnungsfähigkeit bei „echten Psychosen", einschließlich „postulierter Psychosen" oder Annahme absoluter Fahruntüchtigkeit bei einem bestimmten Blutalkoholwert.

Sicherheit[12] ist das vorsätzliche[13] vollendete Verletzungsdelikt, das einmal berechtigt Kern der dogmatischen Systeme war, in seiner Bedeutung qualitativ wie quantitativ nahezu an die Peripherie gerückt. Demgegenüber gewinnen zunehmend Fahrlässigkeitstaten, Begehungsdelikte[14], Gefährdungsdelikte und täterbezogene Prognoseentscheidungen bei den Maßregeln der Sicherung und Besserung, wie bei der Strafaussetzung zur Bewährung oder im JGG an Bedeutung.

2. Gefahrurteile und Prognoseentscheidungen verlangen Diagnose- bzw. Prognosetechniken, die im besonderen Maße hypothetische Momente einschließen, die sich u. a. schlagwortartig zusammenfassen ließen als das Problem der Reduktion von Komplexität[15]. Zu einer für eine ‚ruhige' Praxis notwendigen Problembeherrschung wären zahlreiche Monographien über jeweils *einen*[16] Entscheidungskontext notwendig. Das würde die Leistungsfähigkeit des Verfassers weit übersteigen. Da — abgesehen von der Frage, ob eine ‚ruhige' Praxis überhaupt möglich ist — in absehbarer Zeit mit einer umfassenden relativ-adäquat-konkreten Aufarbeitung der anstehenden Probleme nicht zu rechnen ist, erscheint es gerechtfertigt, ohne die Ambition der Dogmatisierung auch nur einer die Praxis beschäftigenden Schwierigkeit, die Arbeitskraft darauf zu konzentrieren, welche normativen, ontologischen und erkenntnismäßigen Schwierigkeiten bei den Gefahrurteilen und Prognoseentscheidungen zusammenfallen und wie sie sich wechselseitig bedingen. Dabei wird es immer wieder nötig sein, sich auf *bestimmte* Entscheidungskontexte zu beziehen, ohne sie jedoch in ihrem ganzen Ausmaß zu analysieren.

3. Die Zielrichtung ist dabei eine doppelte: Einmal kommt es darauf an, ein allgemeines Problemverständnis hinsichtlich vielfach noch unkontrolliert eingeführter hypothetischer Momente aufzubauen, denn nur dann ist eine normative Kontrolle überhaupt möglich, insbesondere auch im Hinblick darauf, wie weit die heute angebotenen Lösungen erkenntnismäßiger Schwierigkeiten mit anerkannten Sätzen der Rechtsdoktrin vereinbar sind. Die Untersuchungen sind insoweit Vorarbeiten zu einer Integration von Wissenschaften, die sich unabhängig voneinander entwickelt haben, in foro aber plötzlich aufeinander angewiesen sind. Mangelnde Kontrolle führte zu einer Technokratie, die geeignet wäre, rechtliche Garantiefunktionen zu unterlaufen[17]. Zum anderen kommt es aber auch darauf an, durch prinzipielle Ein-

---

[12] Auf die Hintergrundprobleme kann an dieser Stelle nicht eingegangen werden, zumal die Gründe — je nach Sachzusammenhang — recht disparat sind.

[13] So behandelt z. B. *Maurach* die fahrlässige Straftat im 3. Abschnitt seines Lehrbuches unter der Überschrift: „Sonderformen des Verbrechens"; a. a. O. S. 451.

[14] Auch außerhalb des Staatsschutzrechtes, z. B. § 316 a StGB.

[15] Vgl. z. B. *Luhmann,* Zweckbegriff. insbes. S. 238 ff.

[16] Z. B. exemplarisch für die Betrugsprobleme: *Naucke,* Betrug. a. a. O.

[17] Vgl. z. B. *Luhmann,* Zweckbegriff. a. a. O. S. 4 f.: „weil Zwecke als künftige Zustände nicht mehr wahrheitsfähig sind, haben sie den Charakter eines subjektiven Gesichtspunktes angenommen, auf den das handelnde Subjekt sich im Hinblick auf die Zukunft festlegt." — Vgl. ferner ders. Verfahren. a. a. O. S. 129 ff.

sicht in die Probleme der Praxis zu verhindern, daß durch die Gesetzgebung Entscheidungszwänge eingeführt werden, denen die Praxis entweder durch ständige Anwendung der in-dubio-Regel ausweichen oder allgemeine Rechtsprinzipien zum Opfer bringen muß.

Der philosophische Standort ist dabei unerheblich, denn sowohl Gefahrurteile wie auch Prognoseentscheidungen *sollen* sich[18] tendenziell auf relativ adäquate Abbildung der Wirklichkeit beziehen, so daß einerseits „positivistische" Methoden — gewollt oder nicht — in den rechtlichen Entscheidungsprozeß eingehen, andererseits nach Aufdecken ihrer relativen Inadäquanz anders determinierte Dezisionen notwendig sind[19]. Eine Stellungnahme zum Positivismusstreit daraus konstruieren zu wollen, würde dem Anliegen des Verfassers nicht gerecht. Für den Juristen ist unter der Voraussetzung, daß seine Disziplin auf Praxis angelegt ist, jede Erkenntnismethode so viel wert, wie sie für seine Entscheidungen relevante Daten zu liefern vermag. Die Daten sind dabei niemals schlechthin gegeben, sondern immer durch die jeweilige Methode gewonnen, die vom Ergebnis abgezogen werden muß. So ist es z. B. notwendig, Gewebeschnitte zum Mikroskopieren etwa mit Äthylenblau zu färben. Ohne Subtraktion der Zurichtung des Präparates ergäbe sich die falsche Aussage: „Das Gewebe ist blau". Dabei werden die verwendbaren Daten, jedenfalls bei den Gefahr- und Prognoseentscheidungen, kaum jemals gesicherte Aussagen erlauben, so daß erst eine „Entscheidung" nach juristischen Gesichtspunkten zu einem Ergebnis führt[20]. Da diese normativen Entscheidungsrelevanzen in dieser Arbeit nur als mögliche aufgezeigt zu werden brauchen, kann die rechtsphilosophische Abstinenz in so weit aufrecht erhalten werden.

3. *Zur weiteren Behandlung des Themas*

Ziel der Untersuchung sind Gefahr*urteile* und Prognose*entscheidungen*, d. h. die Analysen signifikanter Fallgruppen, die zum Kontrast der speziellen Probleme auch allgemeine der Verletzungsdelikte enthalten müssen. Die Praxis würde mit ihren Aufgaben alleingelassen, wollte man von vornherein mit dogmatischen Definitionen[21] also mit „abstraktesten, folglich weitesten und inhaltsleersten Begriffen"[22] arbeiten.

---

[18] Allerdings ist es fraglich, wie weit sie es tun oder tun können.

[19] Zu den verschiedenen Formen des Positivismus: *Lüderssen*. a. a. O. S. 17 f.

[20] Vgl. dazu insbesondere die Rechtsprechung zum § 261 StPO.

[21] „Definitionen sind wie Hosengürtel. Je kürzer sie sind, um so elastischer müssen sie sein. Ein kurzer Gürtel sagt noch nichts über seinen Träger: wenn man ihn hinreichend dehnt, kann er fast jedem passen. Und eine kurze Definition, die auf eine heterogene Sammlung von Beispielen angewandt wird, muß gedehnt und zusammengezogen, qualifiziert und umgedeutet werden, bevor sie auf jeden Fall paßt." *Toulmin*, Ziele. a. a. O. S. 21.

[22] *Schopenhauer*, a. a. O. § 120 (S. 203).

Für die Analyse exemplarischer Entscheidungskontexte praeclusiv sind die Fragen nach den Problemen von Möglichkeit und Wirklichkeit (Realmöglichkeit) wie der Deutung des Ausdrucks ,Wahrscheinlichkeit' im Recht. Diese müssen also vorab behandelt werden.

Deren Untersuchung setzt wiederum die partielle Klärung einiger allgemeiner Probleme der Rechtsanwendung, wie insbesondere der Rechtssprache und der Kompetenz- oder Rollenverteilung voraus. Mit diesen Fragen ist deshalb zu beginnen.

Folge dieses modus procedendi ist eine Wiederkehr zahlreicher Probleme auf der jeweils erreichten Konkretisierungsebene, die so kontextspezifischere Aussagen erlaubt.

§ 2
EINGRENZUNG DES THEMAS
PROBLEME DER RECHTSANWENDUNG

1. Begründung des modus procedendi

Wenn zunächst das Problem der Rechtsgewinnung kurz erörtert wird, so ist das Ziel weder eine Darstellung des Problemstandes, noch die Entwicklung einer eigenen Rechtsanwendungstheorie. Der modus procedendi ergibt sich vielmehr aus folgenden Überlegungen:

Selbst bei alltäglichen Akten der Rechtsanwendung muß mit „Wahrscheinlichkeiten", „Möglichkeiten" und „Ähnlichkeiten" operiert werden. Dahinter verbergen sich Probleme, die schließlich zur Frage nach der Möglichkeit, Notwendigkeit und Rechtfertigung des Rechts führen. Sie zu behandeln ist nicht Aufgabe der Abhandlung, vielmehr muß die Existenz einer auf Anwendung angelegten Rechtsordnung vorausgesetzt werden (Postulat der Möglichkeit von Praxis). Trotzdem können hier die Probleme der Rechtsanwendung nicht naiv ausgeklammert werden, weil sonst eine Analyse, welche besondere Rolle „Möglichkeiten", „Wahrscheinlichkeiten" und „Ähnlichkeiten" im Recht bei den spezielleren Begriffen „Tatgefahr" und „Tätergefährlichkeit" spielen, keine Abhebung gegenüber dem allgemeinen Problem der Rechtsgewinnung erlaubt. Zur Isolierung eines Spezialproblems ist es deshalb notwendig, das vorgängige generelle Problem gleichsam zu subtrahieren. Dieses muß deshalb wenigstens in seinen entscheidenden Strukturen bekannt sein.

2. Formale Struktur der Rechtsanwendung

Der Begriff „Rechtsanwendung" impliziert zunächst einmal zweierlei: daß es etwas gibt, das wir Recht[23] nennen und daß dieses Recht auf ,etwas'

[23] Da die Anwendung gesondert untersucht wird, bedeutet „Recht" hier zunächst nur so viel wie „primäre Rechtsquelle".

angewendet werden kann oder soll. Für unser Problem kann von der Frage, was denn nun dieses Recht sei[24], abgesehen werden[25]. Dagegen interessiert seine Form: Recht[26] gibt es nur in der Form von Sprachzeichen[27]. Diese Sprachzeichen werden wiederum durch weitere Sprachzeichen auf etwas angewendet[28]. Dort, wo gehandelt wird, hört das Metier des Juristen auf und beginnt die Arbeit der Polizei, des Gerichtsvollziehers usw. Die Zwangsvorführung eines Zeugen ist zwar rechtlich ‚erheblich' und z. B. als rechtmäßig oder rechtswidrig prädizierbar, aber selber nicht ‚Rechtsanwendung' im Sinne unserer Untersuchung. Die Sprachzeichen gehören *bei der Rechtsanwendung* einer höheren Sprachebene an. Es sind Metasätze über die Sätze der Objektsprache der Rechtsquellen. Bei späterer Auswertung etwa als Präjudiz erscheinen sie auf anderen Sprachebenen.

Diese Anwendung wäre dann relativ unproblematisch, wenn

1. die Rechtssätze real definierte realdeskriptive Tatbestände[29] [30] aufstellten, unter die speziellere realdeskriptive Tatbestände subsumiert werden können und
2. der Subsumption mit Gewißheit adäquat-vollständige und zutreffende Abbildung[31] des realen Sachverhalts durch die Skriptur der Beweisaufnahme im Tatbestand des Urteils vorausginge.

3. *Probleme der formalen Subsumption*

Die traditionelle Deutung der Rechtsanwendung wird z. B. von *Klug* anhand des modus barbara folgendermaßen wiedergegeben:

> „Die Grundform des juristischen Schlusses ist nun dadurch gekennzeichnet, daß der Obersatz die gesetzliche Direktive enthält, während im Untersatz der konkrete Sachverhalt subsumiert wird. Der Schlußsatz ergibt als Folgerung aus beiden Prämissen das konkrete Sollensurteil."[32]

---

[24] Die im allgemeinen entweder mit einer „Rechtsmetaphysik" oder mit einem Hinweis auf die „rechtserzeugenden Tatsachen" beantwortet wird.

[25] Sie zielt auf die Frage nach der Rechtsgeltung, die hier zu unterstellen ist.

[26] Raum-zeitlich beschränkt auf unseren Rechtskreis.

[27] Im Sinne einer umfassenden Zeichentheorie, die prinzipiell alles einschließt, was als Zeichen gedeutet werden kann. Eine gute, der pragmatischen Dimension verhältnismäßig viel Raum gewährende Einführung bietet *Morris*, a. a. O.

[28] Das, worauf sie angewendet werden, wird allgemein als der rechtlich erhebliche „Sachverhalt" bezeichnet.

[29] Im Sinne der Normlogik.

[30] Vgl. z. B. *Kriele*, a. a. O. insbes. § 11.

[31] Abbildung muß hier als undefinierter Begriff eingeführt werden. Dazu, daß sich die Rechtsanwendung auf *abgebildete* Sachverhalte bezieht, vgl. *Gerhart Husserl*, a. a. O. S. 146 ff.

[32] Logik, a. a. O. S. 47 f.

Dazu folgendes Beispiel:

Alle gewerbsmäßigen Hehler sollen mit Zuchthaus bis zu zehn Jahren bestraft werden.

Der Angeklagte A ist ein gewerbsmäßiger Hehler.

Der Angeklagte A soll mit Zuchthaus bis zu zehn Jahren bestraft werden[33].

Für die Arbeit des Richters kommt es nach der traditionellen Vorstellung also zunächst[34] darauf an, den Mittelbegriff zu ermitteln: Welche Merkmale definieren den ‚gewerbsmäßigen Hehler'? Ist A ein ‚gewerbsmäßiger Hehler'?

Die unlösbaren Schwierigkeiten, zu denen die Subsumptionstheorie der Rechtsanwendung führt[35], sind allgemein bekannt:

> Die „modernen Theorien der Ethik und des Rechts" sehen „in der Gesetzesanwendung nicht mehr eine Subsumption, d. h. einen logischen Urteilsakt des normanwendenden Organs, der einem allgemein formulierten Satz einen enger formulierten Satz (den „Tatbestand") zuordnet, sondern einen Akt der Integration der Norm in einem *konstitutiven* Rechtsfindungsakt. Das Urteil deklariert nicht nur ein vorher latent geltendes Anwendungsgebot, sondern es ist zugleich auch Station der fortlaufenden Normintegration und der Summe aufeinanderfolgender Urteilsakte; es ist ein Nadelstich im Gewebe der aktuell integrierten gesetzlichen Rechtsordnung"[36].

Sie entstehen nicht nur bei klassischem Syllogismus, sondern in gleicher Weise etwa beim Klassenkalkül:

---

[33] Vgl. *Klug*, a. a. O. zum Problem d. mod. barbara, vgl. ebda.

[34] Strafzumessung wie Vollstreckung können hier außer Ansatz bleiben.

[35] Aus dem inzwischen unübersehbaren Schrifttum vgl. z. B. *Edelmann*, a. a. O. S. 7; *Engisch*, Logische Studien, a. a. O. S. 22 f.; ders. Konkretisierung, a. a. O.; ders. Einführung, a. a. O. S. 55 ff.; ders. Aufgaben, a. a. O. S. 83 ff.; ders. Relativität, a. a. O.; *Grünhut*, a. a. O. S. 8; *Hassemer*, a. a. O. S. 132—148; *Heck*, a. a. O. S. 55, 60 u. ö.; *Jescheck*, Methoden, a. a. O. S. 114 ff.; *Klug*, Logik, a. a. O. insbes. S. 123, 177 ff.; *Müller-Erzbach*, a. a. O.; *Radbruch*, a. a. O. z. B. S. 166; umfassende Darstellungen mit ausführlicher Bibliographie bei *Esser* und *Kriele*, a. a. O.

[36] *Wieacker*, a. a. O. S. 716 f.; Hervorheb. v. Verf. Die historische Aussage Wieackers steht hier für die inzwischen unübersehbare juristische Literatur. Statt einer willkürlichen Literaturauswahl mögen vier Zitate das historische Phänomen zusätzlich belegen. — „Eine allgemeine und einfache Erfahrung zeigt uns, daß man einen etruskischen Text zu ebenso vielen wahrscheinlichen und verständlichen Übersetzungen herrichten kann, wie es Methoden oder ‚Schlüssel' gibt, mit denen man ihn anpackt". *Pallottino*, a. a. O. S. 198. — Es gibt „ebenso viele Rechtsordnungen (unter dem gleichen Gesetz) als Auslegungsmethoden." *Merkl*, a. a. O. S. 549. — „Das Recht wird nicht durch die Gesamtheit der Normen, sondern die Gesamtheit der Entscheidungen dargestellt." *Jsay*, a. a. O. S. 29. — „... verstehe ich nicht, wo ... eine Rechtsansicht soll ‚herrschen' können; m. E. nur in Urteilen." *Sarstedt*, a. a. O. S. 213 N. 5. — Zu den allgemeinen wissenschaftstheoretischen Grundlagen vgl. insbes. *Schaff*, a. a. O. S. 65—94; 95—116; *Black*, a .a. O. II, insbes. 7 und V, 2; *Russell*, Vagueness, a. a. O.; *Stevenson*, a. a. O. III.

1. Die Klassenkonstante (z. B. gewerbsmäßiger Hehler) ist regelmäßig[37] nicht realdefiniert.
2. Streng genommen bezieht sich die Klassifikation als Extension der Klasse auf die sprachlichen Abbildungen der Klassenglieder.
3. Abgesehen von diesen bekannten Schwierigkeiten läßt sich anhand des Klassenkalküls nachweisen, daß die traditionelle Subsumptionstheorie der Rechtsanwendung zu einer unzulässigen Verschiebung der Extension führt:

Die Klassifikation

„x ist ein Element der Klasse a"

darf nur dann als

„x hat die Eigenschaft a"

gedeutet werden, wenn
‚a' ein Ausdruck in einem strikten universalen Gesetz ist[38].

Ein solches Gesetz drückt z. B. folgender Satz aus:

Alle festen Körper werden beim Eintauchen in eine Flüssigkeit, in der sie nicht löslich sind, unter Einwirkung eines Gravitationsfeldes um das Gewicht der verdrängten Flüssigkeit, gemessen in demselben Gravitationsfeld leichter.

Dieser Satz mag hinsichtlich der angeführten relevanten Bedingungen unvollständig sein[39], im Prinzip fomuliert er ein striktes universales Gesetz.

Oder:

Der Siedepunkt beliebiger Substanzen steigt mit zunehmendem Druck.

Aus diesem Satz folgt:

Die Substanz in dieser Flasche hat die Eigenschaft, unter höherem Druck erst bei höherer Temperatur zu verdampfen als unter niedrigerem Druck.

Kein striktes universales Gesetz drückt dagegen folgender Satz aus:

Alle Spinnen haben acht Beine.

Gegenstand der Aussage ist ein Idealtypus, denn das konkrete Tier verliert die Zugehörigkeit zur zoologischen Klasse der Arachnoidae nicht durch Verlust eines oder mehrerer Beine.

Rechtssätze sind keine strikten universalen Gesetze[40]. Auch die Auflösung der Klassen in Unterklassen (sogenannte ‚typische' Fallgruppen) bietet keinen Ausweg, weil sie erst dann die Probleme der Konkretisierung im

---

[37] „Absolut bestimmte Begriffe sind innerhalb des Rechts selten. Immerhin dürfen hierher die auch im Recht verwendeten Zahlbegriffe (insbesondere in der Verbindung mit Maß- und Zeit- und Geldbegriffen) gerechnet werden (50 km, Frist von 24 Stunden, 100 DM)"; *Englisch*, Einführung, S. 108.

[38] Vgl. *Popper*, Natural Laws. a. a. O. S. 65.

[39] Z. B. hinsichtlich der Angabe der Temperaturmessungen oder der Frage, ob Quecksilber ein fester Körper ist.

[40] Entsprechend z. B. *Helmer/Rescher* (Rand-Corporation) a. a. O. S. 29 f. zu historischen Gesetzen und „quasi-Gesetzen" in der Physik.

Einzelfall, der praejudizienlosen Subsumption, der ‚veränderten Verhältnisse', des Wechsels in der Rechtsprechung usw. zu eliminieren[41] erlaubte, wenn so viele Klassen angenommen werden, wie es Einzelfälle gibt. Dieses Dilemma spiegelt aufs deutlichste die neuere Dogmatik, die immer wieder den Zerfall der Rechtsbegriffe und deren Konkretisierungsbedürftigkeit aufdeckt[42].

Jedem Juristen sind die Aufzählungen von idealen Fallgruppen wie zahlreicher Einzelentscheidungen in Kommentaren und Lehrbüchern bekannt, deswegen mögen drei Beispielsätze genügen:

1. „Der Täter braucht aus der Hehlerei kein ‚kriminelles Gewerbe' gemacht zu haben, und er muß auch kein ‚typischer gewerbsmäßiger Hehler' (!) sein[43]."
2. „Eine nur vorübergehende Geneigtheit, bei passender Gelegenheit zu hehlen, kann (!), aber muß noch kein (!) Hang sein[44]".
3. „Erlangt der Vortäter einen Pfandschein, so kann die verpfändete Sache selbst erst nach Einlösung oder nach Abtretung des Herausgabeanspruchs gemäß § 931 BGB gehehlt werden, RGSt 20, 399; 23, 27; a. A.: 70, 37"[45].

Dieser Zerfall der Rechtsbegriffe läßt sich sogar als unmittelbare Folge der klassischen Subsumptionstheorie und der mit ihr verknüpften dogmatischen Begriffe erklären. Der gesetzliche Tatbestand wird als Schuld-[46] bzw. Unrechts*typus* gedeutet. Geschrieben wird er in der juristischen Fachsprache, die der Umgangssprache sehr nahesteht und zumindest für Kernbereiche, zu denen das Strafrecht gehört, bereits aus funktionalen Gründen der Öffentlichkeit und Allgemeinheit des Rechts und der Betroffenheit von Laien durch seine Anwendung — jedenfalls zur Zeit — weitgehend nicht formalisiert werden kann. Bereits die bisherige relative Eigenständigkeit der Rechtssprache trägt den Juristen den alten Vorwurf ein, sie seien ‚Rechtsverdreher', womit eigentlich gemeint ist, sie seien ‚Wortverdreher', weil ihre Begriffe oft gleich*lautend*, aber nicht gleich*bedeutend* sind mit den ‚natürlichen Begriffen' der Umgangssprache[47].

Die nicht formalisierte inhaltsreiche Rechtssprache ist linguistisch eine natürliche Sprache. Nun läßt sich linguistisch beweisen, daß die Anwendung

---

[41] Was sogar funktional keineswegs vorteilhaft zu sein braucht.

[42] Modellhaft: *Roxin*, Tatherrschaft a. a. O.; ders. Straftaten, a. a. O. S. 193 ff.; *Reinh. v. Hippel*, Versuch. S. 1, 23—25, 28 f.

[43] *Jagusch*, in LK, Anm. 2 zu § 260.

[44] *Jagusch*, in LK, Anm. 3 zu § 260.

[45] *Jagusch*, a. a. O. Anm. 2 zu § 259.

[46] Im prozessualen Sinne.

[47] Beispiel: So ist ein Fuchs rechtlich sowohl „Hund" (i. Sinne einer PolizeiVO, die das Mitbringen von Hunden in Lebensmittelläden verbietet oder i. S. der Tarifordnungen der Verkehrsbetriebe) und „Nicht-Hund" (im Sinne der Hundesteuergesetze).

der Typentheorie auf natürliche Sprachen[48] zur Unmöglichkeit führt, „auch nur in einem einzigen Kontext zwei Wörter durch einander zu ersetzen“[49]. Dem entspricht folgendes Ergebnis bei der Einführung der semantischen Wahrheitsdefinition[50] in eine natürliche Sprache: "The definition would become obsolete whenever new names were introduced into the language; and the 'point' or principle of the definition could be 'seen' but apparently not stated without inconsistency"[51]. Das könnte allenfalls vermieden werden durch Ausschluß eines „charakteristischen reflexiven Definitionstyps[52], zu dem aber gerade unsere geltenden gesetzlichen Tatbestände gehören. Unterscheidungen zwischen „Begriffskern“ und „Begriffshof“[53] und „usuellem Wortsinn“ und „konkretem Satzsinn“[53] beweisen ebenso wie die „Relativität der Rechtsbegriffe“[53], daß dies den Juristen an sich schon lange bekannt ist[54].

Für die Interpretation des Klassenkalküls ergibt sich, daß die Klassenkonstante ein Ausdruck in einer „zufällig“ oder numerisch universalen Aussage ist[55].

Der Satz

‚x ist ein Element der Klasse a‘

muß dann gedeutet werden als

‚x ist identisch mit einem der Elemente der Klasse a‘[56].

Rechtslogisch bedeutet dies, daß die Klassifikation die Subsumption in rechtlich relevanter Weise[57] *voraussetzt. Die Grund-Folgebeziehung zwischen Klassifikation und Subsumption ist also umgekehrt*, als sie die Subsumptionstheorie voraussetzt[58, 59].

---

[48] Die *Russell* versucht hat, vgl. dazu die sorgfältige Analyse von *Black*, a. a. O. S. 114—122 m. Nachw.

[49] „Impossibility of substituting two words for one another in even a single context“, *Black*, a. a. O. S. 121.

[50] Vgl. z. B. *Tarski*, a. a. O. S. 341 ff.

[51] *Black*, a. a. O. S. 107.

[52] *Black*, a. a. O. S. 122.

[53] Aus dem unübersehbar reichhaltigen Schrifttum seien exemplarisch herausgegriffen: *Heck*, a. a. O. S. 52, 60 m. zahlr. Nachw.; zustimmend z. B. *Engisch*, Einführung, S. 108 u. ö.; s. a. ders. Relativität, a. a. O.

[54] In amtlichen Begründungen findet sich sogar immer wieder der Satz, daß eine bestimmte Frage der Rechtsprechung und Lehre überlassen bleiben soll! Vgl. z. B. Amtl. Begr. d. 2. Ges. zur Sicherung d. Straßenverkehrs, abgedr. bei *Hartung*, a. a. O. S. 56 o., hinsichtlich d. Merkmals der „gemeinen Gefahr“ in §§ 312—314.

[55] *Popper*, Natural Laws. a. a. O. S. 65.

[56] Vgl. *Popper*, a. a. O.

[57] Die Relevanzkriterien können an dieser Stelle ungedeutet bleiben.

[58] Vgl. z. B. *Fiedler*, Juristische Logik a. a. O. S. 96: „Die juristische Argumentation und Interpretation ... ist wohl nur als konkretes Verhalten konkreter Menschen mit bestimmten Zielen verständlich, nicht als rein objektiver (semantischer oder syntaktischer) Zusammenhang.“

[59] Das strafrechtliche Urteil ist als Bewertung deklaratorisch (vgl. z. B. *Schäfer*,

Rechts*inhaltlich* bedeutet dann die numerische Klasse der ‚gewerbsmäßigen' Hehler die Aufzählung aller seit in Kraft treten des § 260 StGB Verurteilten[60, 61].

Diese Klasse ist offen, denn es kann auch in Zukunft bis zur Aufhebung des § 260 StGB weitere Verurteilungen wegen „gewerbsmäßiger Hehlerei" geben.

Die „Relativität" oder „Unbestimmtheit" der Rechtsbegriffe außerhalb historischer Kontexte schließt mit der Subsumption im traditionellen Sinne auch eine ‚an sich'[62]-Bestimmung des Geltungsumfanges der Norm aus. Trotzdem gibt es eine gewisse Konsistenz oder Streubreite bei aller Devianz oder Variation des Sprachgebrauches, die praktisch nur selten überschritten wird. In juristischen Arbeiten werden immer wieder entweder ‚Profile' des Sprachgebrauches[63] oder Zusammenstellungen von den Sprachgebrauch rechtfertigenden Argumenten[64] erarbeitet. Es wäre sogar möglich, auf statistischer Basis jeweils zahlreiche Quer- und Längsschnittprofile hinsichtlich des

---

a. a. O. S. 41), aber nur im Sinne der Behauptung von Typizität der Handlung und Vereinbarkeit der Interpretation mit dem Gesetzeswortlaut; als interpretatorische Normkonkretisierung dagegen konstitutiv im Sinne einer partiellen Bestimmung des Geltungsumfanges der Norm (vgl. z. B. *Peters,* Strafrechtsgestaltende Kraft. S. 11, nebst Anm. 22; *Reinh. v. Hippel,* Versuch, S. 60 N. 372).

[60] Diese Deutung erhellt u. a.: Die Unschuldvermutung (Art. 6 II MRK); das Fehlen einer Präjudizienbindung; das Fehlen einer Bindung an Urteile anderer Gerichtszweige; die Statusänderung hinsichtlich des Bestraftseins durch die Rechtskraft usw. Vgl. a. *Jsay*: „Das Recht wird nicht durch die Gesamtheit der Normen, sondern durch die Gesamtheit der Entscheidungen dargestellt." A. a. O. S. 29; vgl. a. z. B.*Naucke,* Kant, a. a. O. S. 28.

[61] Ähnlich, aber weniger weitgehend *Hassemer,* S. 52 ff.: „‚e' als vollzogene rechtsgültige Entscheidung" (S. 52). (‚e' bedeutet in der induktiven Logik: corrobative evidence). „e sind alle unter den Tatbestand rechtsgültig subsumierten Sachverhalte, welcher als Teil der Entscheidungshypothese für den zu entscheidenden Sachverhalt in Betracht gezogen wird" (S. 54).

[62] Entsprechend gibt es z. B. auch kein inhaltliches a priori des Allgemeinen Teils gegenüber dem Besonderen Teil: vgl. *Reinh. v. Hippel,* Versuch, a. a. O. insbes. S. 16 vor Anm. 104; ferner keine inhaltliche Übertragung auf andere Tatbestände, vgl. z. B. zu den Rechtsgüterbegriffen in § 2 Nr. 3 WStG einerseits und dem Staatsschutz- und Verkehrsstrafrecht andererseits: *Reinh. v. Hippel,* Grundlagenprobleme, a. a. O. S. 225 vor b.

[63] Insbesondere in der Kommentarliteratur. Hierher gehört auch die Planung einer juristischen Datenbank, „um zu einer größeren Gleichartigkeit ... der Urteile in vergleichbaren Fällen" zu gelangen (FAZ v. 26. 2. 70, S. 1). Selbst in diesem Kontext gibt es divergierende Auffassungen über die Rechtsprechung. So heißt es zutreffend bei *Jahn* (BMJ), a. a. O. S. 1, daß das „Recht sich nicht nur in Gesetzen, sondern auch in einer Fülle von gerichtlichen Entscheidungen verkörpert", während die Arbeitsgruppe für Datenverarbeitung im BMJ in ihrem Bericht vom 1. 2. 70, a. a. O. dem „geltenden Recht" mit der „Rechtsliteratur" auch die „Rechtsprechung" gegenüberstellt (a. a. O. 1, 3).

[64] Seit *Viehwegs* „Topik und Jurisprudenz" auch als ‚Topoitafeln' bezeichnet.

Gebrauchs der Rechtssprache anzufertigen, die als Längsschnittprofile die Rechtsentwicklung zu erhellen und als Querschnittsprofile plausible Annahmen über den Ausgang zukünftiger Prozesse aufzustellen erlaubten.

Die empirische Erforschung des Gebrauchs unbestimmter Ausdrücke in natürlichen Sprachen hat zu dem Ergebnis geführt, daß sich für *jede Gruppe* von Benutzern des Sprachzeichens, *die man konstant hält, typische statistische Beständigkeitsprofile* ergeben[65]. Für die *Rechtssicherheit* relevant ist nur eine auf die Gesamtbevölkerung bezogen relativ kleine Personengruppe, die sich ungewöhnlich präzise bestimmen läßt. Für den Ausdruck „gewerbsmäßiger Hehler" lassen sich z. B. folgende aufstellen:

1. alle zuständigen (gesetzlichen) Strafrichter (einschließlich der Laienbeisitzer);
2. alle Strafrechtler sowie Zivilrechtler, wenn sie über Ansprüche des Geschädigten gegen gewerbsmäßige Hehler gem. § 823 II 1 BGB zu entscheiden haben;
3. alle an Verfahren gegen gewerbsmäßige Hehler beteiligten Juristen;
4. alle Juristen, die § 260 StGB interpretieren;
5. alle Juristen und die Laien, die mit ‚Sachverstand' Probleme des § 260 StGB erörtern.

Für die Fragen der Rechtsanwendung im technischen Sinne reicht die Gruppe 1. Diese ist nicht nur relativ konstant, sondern wird darüber hinaus auch noch durch die Tätigkeit der Revisionsgerichte im finiten Regreß des Instanzenzuges[66] — unter Umständen nach Zeiten größerer Streubreite infolge der Änderung von Gesetzen und/oder sozialen Verhältnissen — im Variationsumfang des Sprachgebrauchs eingeengt. Weitere Einschränkungen ergeben sich aus der relativ gleichförmigen Ausbildung der Juristen, der Entlastungsfunktion ‚bewährter' Präjudizien, dem relativen inhaltlichen numerus clausus der Argumente bei der Problemerörterung usw.

4. Sechs Thesen zu einer linguistischen Theorie der Rechtsanwendung

Die theoretische Einführung von relativen Beständigkeitsprofilen[67] ist aus folgenden Gründen *rechtlich* erheblich:

1. Über die ‚Zulässigkeit' des jeweiligen Gebrauchs eines vagen Begriffes

---

[65] Vgl. *Black*, a. a. O. S. 50 ff.; vgl. auch z. B. *Wein*, a. a. O. S. 103: „Alle menschliche Sprache geht Hand in Hand mit einer Übereinkunft in einer lebendigen Sprach-*Gemeinschaft*. (So konnten ja die Neopositivisten unserer Tage auch auf den Gedanken kommen, Sprachen, und überhaupt alle Aussagen seien *nichts anderes als* ‚Konventionen'!)".

[66] Den es bei der Rechts*wissenschaft* nicht gibt. Diese ist deshalb u. a. *auch* notwendig, um neue Möglichkeiten des Sprachgebrauches zu erfinden und an Modellen zu erproben.

[67] Die in praxi selbstverständlich nur unvollständig und durch technische Verzögerungsmomente veraltet in Form von Rechtsprechungsübersichten, Kommentaren, Lehrbüchern, Monographien und Aufsätzen vorkommen.

entscheidet der Benutzer autonom, soweit seine Zwecke nicht Rücksicht auf den Zeichenempfänger und dessen ‚mögliches' Verständnis oder Mißverständnis gebieten.

Der für das Beständigkeitsprofil definierte relativ konstante Personenkreis: „Alle an der Beratung und Abstimmung im Strafverfahren nach GVG, StPO, Geschäftsverteilungsplan, Schöffenliste usw. Beteiligten" kann durch den relativ bestimmten Rechtsbegriff: „gesetzlicher Richter" bezeichnet werden.

2. Der gesetzliche Richter ist kraft Verfassung, GVG, StPO usw. dazu bestellt, die relativ unbestimmten Ausdrücke der Gesetzes- und Rechtssprache anzuwenden. Er ist also *in rechtlich relevanter Weise privilegierter* Benutzer dieser Sprachzeichen[68].

3. Die Unmöglichkeit der Subsumption und die Notwendigkeit der Privilegierung von Benutzern der Rechtssprache ergibt sich aus der Gesetzessprache. Das nahezu vollständige Fehlen „absolut bestimmter Begriffe"[69] ist notwendig, um die Rechtssprache einer schwer überschaubaren und sich wandelnden Gesellschaft funktionabel zu halten.

4. Unter der Voraussetzung der Notwendigkeit ‚anpassungsfähiger' Gesetze verbürgt das relative Beständigkeitsprofil *prinzipiell* die dann noch mögliche Rechtssicherheit. Die Subsumptionstheorie ist also entbehrlich. Allerdings bleibt nach wie vor zu prüfen, welches Ausmaß an Unbestimmtheit ‚notwendig' und ‚erträglich' ist. Die vorausgesetzte Notwendigkeit relativ unbestimmter Rechtsbegriffe ist keine Blankovollmacht für Blankettgesetze.

5. Die Aufgabe der Subsumptionstheorie und die Markierung der Setzungsfunktion durch Sprachgebrauch in der Rechtsprechung lastet dem ‚gesetzlichen Richter' unabweisbar die Verantwortung für seine Entscheidungen auf, die er „Im Namen des Volkes"[70] verkündet. Die Verkündigung als „notwendige Erscheinungsform des Urteils"[71] entspricht der Promulgation des Gesetzes und drückt den Setzungswillen aus: „Ita ius esto"[72]. Demgegenüber ist ein nicht abschließend verkündetes Urteil rechtlich nur ein unverbindlicher Entwurf[73].

6. Die Privilegierung der Benutzergruppe schließt das Recht des privilegierenden Souveräns zur Urteilsschelte ein. Darüber hinaus liegen regulative Möglichkeiten in Gesetzesänderungen zum Ausschluß uner-

---

[68] Durch die *rechtliche* Privilegierung (Zuständigkeit) ist die Definition im Gegensatz zu der von *Black* nicht zirkulär (*Black*, a. a. O. S. 50 oben).

[69] *Engisch*, Einführung, S. 108.

[70] § 268 I StPO. Lediglich nach der bedingungslosen Kapitulation 1945 entfiel der Bezug auf den Souverän.

[71] *Rob. v. Hippel*, Strafprozeß, a. a. O. S. 352 und S. 359.

[72] Unbeschadet der Frage der Rechtskraft als Problem des Instanzenzuges.

[73] Vgl. z. B. RG 71, 379.

wünschter Rechtsprechung[74] wie im Gnadenrecht. Letzten Endes bleibt allerdings die Sinnhaftigkeit einer Entscheidung ebenso umstreitbar wie der alte Sophismus ‚quis custodiet ipsos custodes' unlösbar, es sei denn, man weist nach, daß die ‚Wächter' entbehrlich seien.

§ 3
RELATIVE UNBESTIMMTHEIT („VAGUENESS")
BEIM MITTELBEGRIFF UND RECHTSSICHERHEIT

1. Rechtssicherheit

An Hand des Begriffs „gewerbsmäßiger Hehler" wurde nachgewiesen, daß eine „Subsumption unter das Gesetz" im traditionellen Sinne regelmäßig nicht möglich ist. Dieser Befund ist insofern beunruhigend, als damit auch die vertrauten Vorstellungen von ‚Rechtssicherheit', die gerade im Strafrecht eine bedeutende Rolle spielen, in Zweifel gezogen werden[75]. Die Rechtssicherheit als Postulat der strafrechtlichen Gerechtigkeit[76] verlangt eine neue Begründung der – ohnehin immer nur relativ zu verstehenden – Rechtssicherheit.

Eine neue Begründung der Rechtssicherheit muß m. E. bei der Deutung als relative Beständigkeit des Sprachgebrauchs gesetzlich privilegierter Benutzer ansetzen. Wir müssen uns darüber klar werden, daß diese relative Beständigkeit nicht einfach vorfindlich ist, vielmehr nur virtuell als Durchgangspunkt einer Bewegung[77] verstanden werden darf. Jeder Jurist weiß, daß eine „ständige Rechtsprechung" das Ergebnis einer mehr oder weniger langen Rechtsentwicklung und Rechtstradition ist. Sie hat Geschichte und ist deshalb jederzeit „gefährdet", denn neue Sachverhalte oder Wertungen können zu neuen Motivationen oder gar prinzipiellen Schwenkungen führen[78].

Wie entsteht ständige Rechtsprechung, was geht ihr voraus? Phänomenal mag das sehr verschieden vorsichgehen, weil Abhängigkeiten bestehen von objektspezifischen Einstellungen der handelnden Personen, während die Konstellationen bei der Vielfalt der Personen sich selten wiederholen.

---

[74] S. dazu *Reinh. v. Hippel*, Individualgefahr, a. a. O. S. 378 ff.

[75] Nach *Helmer/Rescher*, a. a. O. S. 30 kommt es für die Praxis darauf an, zur Unterscheidung von Fakten und Fiktionen die Grenze zwischen „vagueness" (etwa: relative Unbestimmtheit) und „vacuity" (etwa: Inhaltsleere) zu bestimmen.

[76] Vgl. dazu *Lange*, Systematik, a. a. O. insbesondere S. 70 ff.

[77] Zum für jede Theorie der Bewegung entscheidenden Zeitbegriff und dessen Abhängigkeit vom Objektbereich vgl. *Wiener*, a. a. O. S. 63 ff.; vgl. ferner *Bergson*, Zeit, a. a. O.; ders. Denken, a. a. O.

[78] Beispiel: BGH 11, 199 ./. BGH 6, 100 (zur Individualgefahr bei der Verkehrsgefährdung).

Da die Einzelkonstellationen genau so wenig abgebildet werden können, wie der „gewerbsmäßige Hehler", ist es notwendig, von Inhalten und konkreten Personen zu abstrahieren. Dadurch wird es möglich, modellhaft einige idealtypische Strukturen solcher Entwicklungen des rechtlichen Sprachgebrauchs herauszustellen.

Jede *erste* Entscheidung bei einem neuen Begriff oder Gegenstand (Beispiel: Stromentziehung; RGSt 29, 111; 32, 165[79]) ist ahistorisch, traditionslos und damit optimal frei. Die voluntaristische Komponente in der Entscheidung ist besonders groß und findet ihre Grenze vom Entscheidenden her unter anderem dadurch, daß ähnliche Begriffe oder Gegenstände per analogiam oder e contrario herangezogen werden. Eine wesentliche Funktion hat der allgemeine Sprachgebrauch, sei es als vorrechtlicher oder rechtlicher, den zu verlassen eine Argumentation nötig macht, um ‚Sprachverwirrung' vorzubeugen. Die öffentliche Funktion des Rechts schließt Privatsprachen aus. Unter Umständen werden Gutachten eingeholt, die Möglichkeiten des Sprachgebrauchs entwerfen, ohne die ‚zuständige Stelle' festzulegen. Bezieht sich der Sprachgebrauch auf Gegenstände, die auch in anderen Wissenschaften Forschungsobjekt sind, so wird vielfach ein Sachverständiger beigezogen.

Bereits im Verhältnis zwischen Richter und Gutachter entstehen sprachliche Verwicklungen, die die Rechtsprechung immer wieder beschäftigt haben, ohne bisher befriedigend gelöst zu sein. Als Modell mag die besonders klare Entscheidung BGH GA 62, 116 dienen. Dort heißt es, daß „es sich bei den in § 51 StGB bestimmten Merkmalen um Rechtsbegriffe handelt, die mit den Begriffsbestimmungen der ärztlichen Fachsprache nicht sachgleich sein müssen und auch, was nicht selten vorkommt, nicht immer sachgleich sind."

Es wäre naiv, wollte man annehmen, es handele sich dabei lediglich um das Problem der ‚Übersetzung' von einer Fachsprache in eine andere. So differenziert der BGH in der genannten Entscheidung zutreffend zwischen Problemen der Abbildungsregel bzw. des Bezugsrahmens einerseits und der Sprache und damit Entscheidungskompetenz andererseits. So heißt es zunächst: „*Es ist nicht Sache eines* medizinischen *Sachverständigen, zu entscheiden*, ob der Angekl. im Sinne des § 51 Abs. 1 StGB zurechnungsunfähig war oder nicht[80]." Anschließend wird die Aufgabe des Sachverständigen dargestellt: „... dem Gericht *auf Grund seiner besonderen ärztlichen Kenntnisse und Erfahrungen* mitzuteilen, wie es zur Tatzeit im Inneren des Angeklagten aussah und *welche Erfahrungen die ärztliche Wissenschaft und Praxis* mit der Einsichtsfähigkeit und dem Hemmungsvermögen *von* Menschen gemacht

---

[79] In Deutschland zunächst Gesetz v. 9. 4. 1900, RGBl. I, 228, seit dem 3. StÄG v. 4. 8. 1953 § 248 c; in Österreich ist dagegen elektrische Energie durch besonderes Gesetz zur „Sache" definiert worden, vgl. *Rittler*, a. a. O. S. 126; zu den nahestehenden ausländischen Rechten vgl. *Schönke-Schröder*, a. a. O. Rand-Nr. 2.

[80] A. a. O., Hervorhebungen v. Verf.

haben, *in denen es so* aussieht, *wie* es bei dem Angeklagten zur Tatzeit der Fall war"[80].

Dieser Satz impliziert mehrere erkenntniskritische Aussagen, die dem Gericht nicht einmal bewußt gewesen sein müssen. Die „besonderen ärztlichen Kenntnisse und Erfahrungen" dürfen nicht nur als Nachweis der Approbation (Facharzt usw.) und des Zeitraums, in dem der Gutachter Erfahrungen machen konnte, verstanden werden. Vielmehr besteht sachlich Abhängigkeit der Kenntnisse von den Erfahrungen, wobei das Objekt der Erfahrungen nicht ausgeklammert werden kann[81]. Das mag kurz durch ein Erlebnis des Verfassers veranschaulicht werden.

Während eines Colloquiums von Juristen und Medizinern mit Explorationen wurde von einem Klinikchef eine bestimmte psychiatrische Hypothese aufgestellt, die alle bekannten Daten harmonisierte. In der Diskussion wurde eine gleichfalls alle Daten widerspruchsfrei enthaltende psychologische Hypothese aufgestellt und gefragt, nach welchen Kriterien der Gutachter sich für die eine oder andere Hypothese entschiede. Die offene Anwort lautet sinngemäß: ‚Nach meiner nicht rationalisierbaren Erfahrung.'

Solche subjektiven[82] Erfahrungen werden nun vom BGH im zweiten Satzteil in Beziehung gesetzt zu den „Erfahrungen der ärztlichen Wissenschaft und Praxis". Dies sind zunächst einmal die bisher bekannten, im angegebenen Sinne subjektiven Erfahrungen aller an der Wissenschaft und Praxis der Disziplin Beteiligten. Dabei lassen sich Schwerpunkte bilden[83], die ihrerseits ein oder mehrere Modelle der betroffenen Wissenschaft zur Lösung inhaltlich bestimmter Probleme bedeuten. Bereits diese Modelle enthalten hypothetische Momente, auf die hier nicht näher eingegangen werden kann. Darüberhinaus werden die subjektiven Erfahrungen des Gutachters zu ihnen in Beziehung gesetzt, und zwar *per analogiam*. Insofern beruht das Gutachten auf einem Ähnlichkeitsvergleich, bei dem über die Relevanz der Merkmale letzten Endes bisher kaum etwas bekannt ist, und auch über die Auswahl des Vergleichsmodells keine Regeln angegeben werden können[84]. Hinzu kommt, daß die Modelle für medizinisch-therapeutische Aufgaben entwickelt worden sind, und die Therapie in der medizinischen Praxis vielfach final doppelt determiniert ist: auf Heilung wie auf Gewinnung einer sicheren Diagnose. Die Therapie als diagnostisches Hilfsmittel ist zwar alltäglich, aber nur selten bewußt. In bestimmten Fallgruppen kann sogar die erfolgreiche Therapie eine Diagnose unmöglich machen[85]. Wie umstritten

---

[81] Ausführlich und leider die Probleme durch Quantifizierung weitgehend verdeckend: *Helmer/Rescher*, a. a. O.

[82] D. h. nicht intersubjektivierbaren.

[83] Z. B. bestimmte Schulen nachweisen.

[84] Vgl. z. B. *Popper*, LSD. A. a. O. S. 210: „It is not possible to lay down a general rule as to which of several possible reference-classes should be chosen".

[85] Z. B. bei Eingabe eines Breitband-Antibioticums.

aber auch die Diagnose nach einer erfolgreichen *spezifischen* Therapie sein kann, zeigt der Fall *Issels.* So hat z. B. Professor *Oeser*

> zugegeben, daß bei einer Drüsenschwellung im Jahre 1956 histologisch ein Carzinom nachgewiesen worden sei. Heute glaube er, daß es damals doch kein Krebs gewesen sei. „‚Mit solchen Mitteln, Herr *Issels,* kann man doch keinen Krebs beeinflussen'... Auf dreimalige Anfrage mußte *Oeser* zugeben, daß er Frau Kaiser als Krebs-Heilfall registriert hätte, wenn er sie damals operiert hätte und sie gesund geworden wäre"[86].

Die Beispiele ließen sich beliebig vermehren. Sie haben keineswegs den Skandalcharakter, den ihnen die Presse gern zulegt. Sie spiegeln vielmehr grundlegende Erkenntnisschwierigkeiten im Bereich der Empirie, die bisher mangels einer besseren Möglichkeit durch die Wahl eines bestimmten Bezugsrahmens gelöst werden, in dem bestimmte ungesicherte Erkenntnisse aus jeweils bestimmten Gründen als invariabel gesetzt werden. Bei manchen Problemgruppen werden hierüber Konventionen getroffen, die dann zur Grundlage einer ‚Schule' oder ‚Richtung' in der jeweiligen Disziplin werden können.

Die aufgezeigten hypothetischen Momente bei der Aufgabe des Gutachters werden, wenn insoweit nach der besprochenen Entscheidung des BGH verfahren wird, andeutungsweise dadurch aufgedeckt, daß die Individualerfahrung und die ‚Summe von Individualerfahrungen' sich vielfach wechselseitig relativieren. Nicht nur muß sich der Gutachter gefallen lassen, bei Entscheidungen gegenüber gängigen Meinungen eindringlich befragt zu werden, vielmehr unterziehen Gutachter häufig „Lehrbuchmeinungen" insofern relativierender Kritik, als sie darauf hinweisen, daß diese nur „im Regelfall" gelten, aber keineswegs in ihrem Geltungsumfang gesichert sind.

Bereits hier setzt nach den Gründen der Entscheidung des BGH[87] die Aufgabe des Gerichtes ein: „Das Gericht hat in eigener Verantwortung[88] zunächst zu prüfen, ob und in welchem Umfang die von den Sachverständigen mitgeteilten Tatsachen der Wahrheit entsprechen. Die Entscheidung hierüber betrifft den Bereich des Tatsächlichen (Entscheidung über das Ergebnis der Beweisaufnahme). Bei ihr ist der Rechtsgrundsatz zu beachten, nach dem bei unüberwindlichen Zweifeln des Gerichts im Bereich des Tatsächlichen zu Gunsten des Angeklagten entschieden werden muß (in dubio pro reo)"[89]. Der 5. Strafsenat des BGH wird dabei zwar möglicherweise in erster Linie an die Daten ‚subjektiver Erfahrung' gedacht haben, doch bezieht sich der Satz zutreffend auch auf die ‚kollektive Erfahrung' der an der jeweiligen Disziplin Beteiligten. Dabei ist auf folgendes hinzuweisen:

---

[86] FAZ vom 25. 11. 1964.
[87] GA 62, 116.
[88] ‚*Sachkompetenz*'.
[89] A. a. O.

1. Die Relevanzen des Gerichts sind grundsätzlich andere als etwa die der medizinischen Wissenschaft. Der Bezugspunkt ist nicht eine therapeutische Prognose, sondern die jeweilige Rechtsfolge.
2. Deshalb sind die Abbildungsregeln andere, nämlich die der Prozeßordnung im Gegensatz zu den Regeln der ärztlichen Kunst.
3. Die Wahrheitskriterien sind andere und schließen regelmäßig die in-dubio-Regel ein. Maßgeblich ist insbesondere § 261 StPO: Der Grundsatz der freien richterlichen Beweiswürdigung. Das Ergebnis ist eine „soziale Wahrheit"[90].
4. Sprachlich beziehen sich die Sätze des Tatbestandes nicht auf bestimmte Daten der Außenwelt, sondern – unter Umständen in mehreren Stufen – auf Aussagen, die insoweit einer anderen Sprachebene angehören.

Üblicherweise spricht man von einer Metasprache über einer Objektsprache.

Erst wenn die Beweiswürdigung abgeschlossen und damit der ‚Tatbestand'[91] konstituiert ist [92], können wiederum über die Sachverhaltsaussagen metasprachliche Sätze aufgestellt werden. In der genannten Entscheidung[93] heißt es hierzu:

> „Alsdann hat das Gericht gleichfalls in eigener Verantwortung[94] die Frage zu beantworten, ob der tatsächliche innere Zustand des Angekl., den es als erwiesen ansieht *oder* von dem es nach dem oben erwähnten Rechtsgrundsatz zu Gunsten des Angekl. ausgehen muß, *ergibt, daß* die Einsichtsfähigkeit oder das Hemmungsvermögen des Angekl. wegen eines der in § 51 Abs. 1 StGB genannten Umstände (...) im Sinne des § 51 Abs. 1 oder 2 StGB ausgeschlossen oder erheblich vermindert war. Ihre Beantwortung hängt letztlich von *rechtlichen* Erwägungen ab, weil es sich bei den § 51 StGB bestimmten Merkmalen um *Rechtsbegriffe* handelt, die mit den Begriffsbestimmungen der ärztlichen Fachsprache nicht sachgleich sein müssen und auch, was nicht selten vorkommt, nicht immer sachgleich sind."

In der genannten Entscheidung wird also eindeutig zwischen der ‚*Sachkompetenz*'[95] einer inhaltlichen sozialen Wahrheit[96] und der ‚*Sprachkompetenz*' zur Determination der jeweiligen Rechtsinhalte unterschieden und beide Kompetenzen dem Gericht auferlegt.

Beide Dimensionen sind für die Rechtssicherheit erheblich.

---

[90] Vgl. dazu insbes. *Gerhart Husserl*, a. a. O.

[91] Im Sinne der Urteilstechnik, im folgenden Sachverhalt genannt, zum Ausschluß der Zweideutigkeit des Ausdrucks „Tatbestand", der im folgenden nur noch im Sinne des gesetzlichen Tatbestandes verwendet wird.

[92] „Die tatsächliche Feststellung des Strafurteils wird als ausschließlich richtige Wiedergabe der mehrdeutigen Wirklichkeit gesetzlich fingiert"; *Bendix*, a. a. O. S. 188.

[93] BGH GA 61, 116. Hervorhebungen v. Verf.

[94] ‚*Sprachkompetenz*' im Gegensatz zu ‚*Sachkompetenz*' beim vorangehenden Komplex.

[95] Weiterführend insbes. *Hruschka*, a. a. O.

[96] Die immer nur eine auf die Rechtskraft bezogene, relative ist.

2. *Sachkompetenz und Rechtssicherheit*

Die – immer nur relative – Rechtssicherheit bei der Sachkompetenz lag im alten Beweisrecht in den Beweisregeln (formelles Beweisrecht). Durch die Einführung der freien richterlichen Beweiswürdigung (materielles Beweisrecht) nach Aufgabe des schriftlichen Verfahrens des Inquisitionsprozesses wurden neue Kriterien nötig. Für die heutige Rechtspraxis lassen sie sich etwa folgendermaßen beschreiben:

Oberster Grundsatz ist die freie richterliche Beweiswürdigung (§§ 261 StPO, 286 ZPO) auf dem Hintergrund der Unmittelbarkeit der Beweisaufnahme und der Amtsmaxime. Eine — praktisch nicht durchführbare — Analyse würde vermutlich bereits dann eine signifikante Überlegenheit des materiellen Beweisrechts ergeben, wenn keine weiteren Sicherungen entwickelt worden wären, denn bereits sehr früh haben sich Unzulänglichkeiten des formellen Beweisrechts gezeigt, die z. B. in der Carolina zur materiellen Überprüfung des Geständnisses geführt haben[97]. Sieht man von den frühen Germanenrechten ab, hat es ein *reines* formelles Beweisrecht nicht gegeben, und insbesondere im Inquisitionsprozeß war die Förmlichkeit weitgehend eine Folge der Schriftlichkeit des Verfahrens. Umgekehrt gilt der Grundsatz der freien Beweiswürdigung bei häufig sich wiederholenden oder besonders schwierigen Sachverhalten gerade nicht uneingeschränkt und keineswegs im Sinne reiner Richterwillkür.

a) Zunächst einmal gibt es zahlreiche Regeln darüber, daß alle möglicherweise relevanten Beweise erhoben werden müssen, und mit zunehmender naturwissenschaftlicher Erfahrung wird das Arsenal technischer Beweismittel immer größer, wodurch der Anwendungsbereich der freien Beweiswürdigung praktisch immer stärker eingeengt wird.

Die Daten:

1. A hat zum Zeitpunkt t eine Faustwaffe, ein Motiv B zu töten und kein Alibi,

lassen einen breiteren Spielraum für die Überzeugungsbildung als die Daten:

2. A hatte nach dem Zeitpunkt t die Waffe, mit der B erschossen worden ist (festgestellt durch Vergleichsmikroskopie) im Besitz usw. . . .,

denn im Falle 2. ist inhaltlich Gegenstand der Überzeugungsbildung praktisch nur noch, daß derjenige, der die Waffe W zum Zeitpunkt t 2 besaß, sie auch zum Zeitpunkt t 1 besessen hat, wenn eine Erklärung für einen Besitzwechsel fehlt.

b) Durch die Entwicklung ‚allgemeiner Erfahrungssätze' und ‚allgemeiner Denkgesetze', deren Verkennung in der Revision überprüft werden kann, werden praktische Beweisregeln auf der Ebene der Rechtsprechung in das materielle Beweisrecht eingeführt. Die ratio für die Verlagerung von gesetzlichen Beweisregeln zu solchen der Rechtsprechung liegt in der Technizität, die Abhängigkeit von sich wandelnder Empirie bedeutet. Insbesondere die „allgemeinen Erfahrungssätze" führen durch die *Frequenz* der seman-

[97] Vgl. insbes. Art. LIII, LIIX, LIV, LVI CCC.

tisch gleichartigen Benutzung zu einer speziellen, hier nicht näher zu untersuchenden Form der semantischen Wahrheit, in der die pragmatische Dimension sich zurückbildet. Dies bedeutet eine semantische Objektivierung durch Bildung eines relativ festen juristischen Sprachgebrauchs. Entsprechend kann man bei den ‚allgemeinen Denkgesetzen' von einer ‚syntaktischen Objektivierung' sprechen. Über die Phänomene sagt das aber nichts aus, denn die erkenntnismäßigen Schwierigkeiten werden durch eine solche „Objektivierung" keineswegs gelöst, sondern lediglich — vielfach sogar interdisziplinär[98] — konventionalisiert.

3. *„Sprachkompetenz" und Rechtssicherheit*

Die Standardisierung und damit Einengung der individuellen „Sprachkompetenz" des einzelnen Richters[99] ist bekannter als die der „Sachkompetenz". Sie kann deshalb für unsere Zwecke ausreichend durch einen Schlagwortkatalog beschrieben werden: Relativ einheitliche Ausbildung der Juristen, standardisierende Hilfsmittel zur Entscheidungsfindung, Entscheidungssammlungen, Kommentare, Lehrbücher usw., vereinheitlichende Wirkung der Revisionsrechtsprechung, Institut des Vorlagebeschlusses. Die hinsichtlich der Sprachkompetenz dadurch gezogenen Grenzen sind zwar beträchtlich eng, erlauben aber eine ausreichende Anpassung an die Bedürfnisse einer sich wandelnden Wirklichkeit. Die Unmöglichkeit, alle relevanten Erscheinungsformen des Lebens voraussehend zu übersehen, führt bei der Legislative vielfach dazu, bestimmte Sachfragen ausdrücklich der Konkretisierung durch Rechtsprechung und Lehre zu überlassen. Durch Benutzungsfrequenzen bestimmter vorgeschlagener Tendenzen kann die Entwicklung zu einer bestimmten „ständigen Rechtsprechung" führen. Umgekehrt kann aber auch eine „ständige Rechtsprechung" zur besseren Bewältigung der Sachprobleme im Hinblick auf veränderte Verhältnisse aufgegeben werden. Erst wenn diese Zielmarke verfehlt wird[100], ist es Aufgabe der Legislative, korrigierend einzugreifen. Der historische Abstand vom Auslegungsverbot der Aufklärung ist inzwischen so groß geworden, daß reine „Auslegungsgesetze"[101] jedenfalls im Strafrecht nicht mehr vorkommen[102].

---

[98] Z. B. durch die gängige und nur noch gelegentlich mit inhaltlichen Argumenten bestrittene (vgl. insbes. *Schwalm,* a. a. O. S. 539, l. Sp.; *Haddenbrock,* a. a. O. S. 148, l. Sp. sub d am Ende) Konvention zwischen Gerichten und Gutachtern, daß bei einer „echten Psychose" der Delinquent als unzurechnungsfähig gilt, gleichgültig, welches Delikt er begangen hat.

[99] Ähnl. auch d. Staatsanwaltes; vgl. dazu insbes. 45. DJT 1964 Bd. I, 2 und II/D.

[100] Vgl. z. B. BGH 11, 199 ./. BGH 6, 100 und das 2. Ges. z. Sicherung d. Straßenverkehrs, vgl. dazu *Reinh. v. Hippel,* Individualgefahr, a. a. O.

[101] Vgl. z. B. noch das „Gesetz über die Auslegung des Artikels II des Gesetzes vom 30. August 1871, betreffend die Einführung des Strafgesetzbuches für das Deutsche Reich in Elsaß-Lothringen" vom 29. 3. 1888. RGBl. S. 127.

[102] Anders im Verwaltungsrecht, in dem einerseits das Ermessen weiter ist, ande-

II. MÖGLICHKEIT — WAHRSCHEINLICHKEIT — RECHTSSICHERHEIT

Die Frage nach der Rechtssicherheit wäre trotz der bisherigen vorläufigen Befunde dann nicht so bedrängend, wenn nicht nur die Zwecke durch das Gesetz determiniert, sondern darüber hinaus die Konkretisierung der Mittelbegriffe nicht Rechtsverwirklichung als historische Erfahrung, sondern ontologische Erkenntnis wäre.

§ 4
PROBLEME DER REALMÖGLICHKEIT

1. Vorbemerkung

Ein ontologisches Verständnis impliziert sowohl bei Gefahrurteilen wie bei Prognoseentscheidungen die Feststellung von Real-Möglichem. Bei Gefahrurteilen wird der Eintritt eines tatbestandlichen Erfolges auf Grund des Handlungssachverhalts für real möglich erklärt und bei Prognoseentscheidungen ein — wie auch immer spezifiziertes — bestimmtes Verhalten des Täters.

Ob ein solches Verständnis philosophisch einen Sinn ergibt, ist nicht Gegenstand dieser Untersuchung. Für das Recht, das auf Anwendung angelegt ist, kommt es zunächst einmal darauf an, ob, eine Lösung des philosophischen Problems vorausgesetzt, diese praxisrelevant ist, das heißt für das Strafrecht: Strafprozessuale[103] [104] Anwendung erlaubt. Im Recht kann die Theorie Fragen der Praktikabilität[105] schon deshalb nicht ausklammern, weil

---

rerseits die Zahl zusätzlicher Direktiven zur Vereinheitlichung der Praxis durch Durchführungs-, Ausführungsverordnungen, allgemeine Verwaltungsanordnungen eine Funktion haben, zu der es in der Strafjustiz keine Parallele gibt.

[103] Strafrecht kann in unserer Rechtsordnung immer nur im Prozeß realisiert werden, vgl. dazu insbes. *Goldschmidt,* Justizrecht. A. a. O. in toto; ders. Rechtslage. A. a. O.; insbes. §§ 17 ff., 31; *Peters,* Strafrechtsgestaltende Kraft, a. a. O. in toto.

[104] In anderen Rechtsdisziplinen gelten unter Umständen andere Relevanzen. Die rechtsideologischen Grundlagen der Städtesanierung, der Sozialhilfe, der Fürsorgeerziehung, der Ordnungsbehörden oder des Polizeiapparates sind zweifellos andere als die des Strafrechts. Deshalb impliziert der Text keine Aussagen über andere Rechtsdisziplinen, die zum Teil sogar sehr weitgehende Funktionen auch der Verbrechensprophylaxe haben.

[105] Die z. B. von *Lange* zutreffend der „Gerechtigkeit“ zugeordnet wird: z. B. Systematik, a. a. O. S. 70 ff.

das Recht dem Menschen nicht genetisch gegenübersteht, sondern von ihm hervorgebracht wird[106, 107]. Es ist im folgenden nicht möglich[108], die Probleme der Realmöglichkeit mit dem Anspruch auf irgendwelche Vollständigkeit zu erörtern. Es kommt für unsere Untersuchung auch nicht darauf an, wenn sich bereits für die entscheidenden Grundpositionen nachweisen läßt, daß sie mit dem Postulat der Möglichkeit strafrechtlicher Praxis unvereinbar sind. Zu diesem Nachweis sollen im folgenden die gegensätzlichen Positionen von *Nicolai Hartmann* und *Ernst Bloch* herangezogen werden. Um bei der verkürzten Untersuchung unzulässige Deutungen auszuschließen, soll von hinreichend ausführlichen Textwiedergaben ausgegangen werden, die Authentizität verbürgen.

2. *Die eine Realmöglichkeit bei Nicolai Hartmann*

Als Grundlage für die Frage nach der strafrechtlichen Anwendbarkeit seines Möglichkeitsbegriffs bietet sich folgendes ungekürzte Zitat an:

> „Die Betrachtung ging von dem zur Zeit gegebenen, d. h. schon ‚wirklich gewordenen' Komplex der Realbedingungen in einem willkürlich gewählten ‚gegenwärtigen' Prozeßstadium aus; diese Bedingungen sollten ihre Vorbedingungen in der Vergangenheit, d. h. in einem früheren Stadium des Prozesses haben. Ihre Wirklichkeit soll also in streng realontologischem Sinne ‚auf Grund' von früherem Wirklichen real möglich geworden sein. Dann muß dasselbe auch für das nächstfolgende Prozeßstadium gelten, das einen Zuwachs an Bedingungen zeigt: es muß mitsamt den hinzugekommenen Bedingungen auf der Wirklichkeit des gegenwärtigen Stadiums beruhen. Die hinzutretenden Faktoren dieses späteren Stadiums müssen also ebenso ‚auf Grund' der Faktoren des früheren real möglich geworden sein, wie dessen Faktoren ‚auf Grund' derjenigen des ihm vorausgegangenen Stadiums.
> Mit anderen Worten, wenn überhaupt stets ein Teil der Realfaktoren des Kommenden zeitlich voraus liegt und im jeweilig Gegenwärtigen enthalten ist, wie sollte es da angehen, einen anderen Teil der ihnen gleichgeordneten Realfaktoren davon auszuschließen? Diese anderen Faktoren sind zwar ‚gegenwärtig' noch nicht ‚wirklich geworden', aber sie können doch ihrerseits nur ‚auf Grund' von Wirklichem real möglich, und damit ‚wirklich' werden. Und dieses andere Wirkliche, auf Grund dessen sie es werden, muß nach dem Gesetz der Zeit

---

[106] Die Bestimmung des Rechts als Kulturerzeugnis enthält keinerlei Stellungnahme zum Streit zwischen Rechtspositivismus und Naturrechtslehre, der sich vielmehr erst auf eine *Bewertung* des Kulturerzeugnisses bezieht. Das ergibt sich z. B. aus der naturrechtlichen Vorstellung der Möglichkeit eines naturrechtswidrigen und deshalb unter Umständen unverbindlichen positiven Rechts. Im übrigen setzen auch die Naturrechtslehren Rechtspraxis voraus.

[107] Reiches Material zum grundsätzlichen Problem des Verhältnisses von Theorie und Praxis z. B. bei *Habermas*, a. a. O. S. 231—257.

[108] Selbst *Pape*, a. a. O. S. III bezeichnet im Vorwort ihrer Habilitationsschrift diese als „ein Stückwerk".

ihnen zeitlich vorausgehen. Da weder Potenz noch Anlage noch Zwecksetzung, noch auch die Grundlosigkeit des Zufalls für sie in Frage kommt, so bleibt offenbar keine andere Möglichkeit als diese übrig. Von jedem Gegenwartspunkt aus, wie willkürlich er auch gewählt sei, läßt sich also sagen: jede weiter hinzutretende, den Kreis des Möglichen einschränkende und so zur ‚Entscheidung' beitragende Realbedingung muß, weil sie ‚wirkliche' Bedingung sein muß, notwendig in der gleichen Weise durch vorausgehende Realbedingungen (also die gegenwärtigen) real ermöglicht sein, wie diese selbst durch die in der Vergangenheit liegenden.

Die Entscheidung darüber, welche der jeweilig offenstehenden ‚vielen Möglichkeiten' zur Wirklichkeit aufrückt, kann also nur bei dem liegen, was schon ‚wirklich geworden' ist, beim Gegenwärtigen und Vergangenen, also ebendort, wo auch die schon gegebenen und gegenwärtigen Bedingungen liegen, die den ‚Kreis der Möglichkeiten' eingrenzen. Das aber heißt: sie muß im jeweilig gegebenen Komplex der Realbedingungen schon irgendwie enthalten sein. Und nun ergibt sich die Konsequenz: wenn dieser Bedingungskomplex außer der Eingrenzung der ‚Möglichkeiten' zugleich auch die Entscheidung darüber hergibt, welche von ihnen allein wirklich werden kann, *so ist es in Wahrheit von vornherein gar kein ‚Kreis von Möglichkeiten', den er offen läßt; die ‚Vielheit der Möglichkeiten' sinkt in sich zusammen, und es besteht überhaupt nur die eine Realmöglichkeit. Das aber ist die Möglichkeit eben dessen, was im Fortgange des Prozesses wirklich wird.*

Damit gewinnt der modale Bau des Werdens ein ganz anderes Gesicht. Der Aspekt der pluralistischen Möglichkeitstheorien scheidet aus. Die disjunktive Möglichkeit verschwindet, das Realgesetz der Möglichkeit bewährt sich am Realprozeß, und mit ihm die ganze Intermodalgesetzlichkeit des Realen. *Die Teilmöglichkeit aber sinkt zu einem untergeordneten Moment innerhalb der Bedingungsverhältnisse herab,* deren Totalität in jedem Prozeßstadium die Realmöglichkeit der folgenden Stadien ausmacht."[109]

Nach *Hartmann* gibt es also nur *eine* Realmöglichkeit, nämlich die des real Wirklichen, und die Entscheidung darüber, was in diesem Sinne real möglich wird, liegt „beim Gegenwärtigen und Vergangenen".

Diese Lösung des Problems des Realmöglichen entspricht im Ergebnis der Argumentation des Reichsgerichts[110] bei der Begründung der subjektiven Versuchstheorie, in der es einen ontologischen Gefahrbegriff[111] ausschließt[112]. Daß das Reichsgericht jedenfalls in seinen Versuchsentscheidungen von

[109] A. a. O. S. 238 f., Hervorheb. v. Verf.

[110] Das seinerseits von *v. Buris* Kausalitätslehre ausgeht.

[111] Den es unzutreffend der älteren objektiven Theorie unterstellt, vgl. dazu *Reinh. v. Hippel,* Versuch, S. 1 f.; zur immanenten Brüchigkeit der Argumentation des RG vgl. z. B. die Verwendung des Begriffs „Gefahr" in RG 10, 1 (zu § 223 a).

[112] Grundleg. RG 1, 439 (Urt. d. ver. Strafsen.); bes. ausf. RG 8, 198 ff. (202 f.).

einem Gefahrbegriff des „Realmöglichen" ausgegangen ist, zeigt vielleicht am deutlichsten folgende Kritik: „Nach *v. Buri* und Reichsgericht sind unsere gesamten in die Heimat zurückgekehrten Kriegsteilnehmer *in keinerlei Gefahr* gewesen. Sie *meinten* dies zwar, und die Heimat meinte es auch. Aber das war ein subjektiver Irrtum von ganz Deutschland! *In Gefahr* waren nur die *Gefallenen*! Denn der Kausalverlauf ist *objektiv notwendig*, wer *am Leben* blieb, war auch *nicht in Gefahr*!"[113] Die Kritik geht insofern fehl, als implizit vorausgesetzt wird, daß jeder objektive Gefahrbegriff „Realmöglichkeit" voraussetzt. Das gilt aber weder für die ältere noch für die jüngere objektive Theorie[114]. Für ihn gilt tatsächlich, „daß sich die Möglichkeit[115] der Kausalität von der Wirklichkeit[116] derselben nicht[117] unterscheiden läßt"[118]. Die Erkenntnisschwierigkeiten dieses Begriffes des Real-Möglichen sind deshalb für die strafrechtliche Praxis nicht überwindbar.

3. *Die Vielfalt des Realmöglichen bei Ernst Bloch*

Die Philosophie *Blochs* geht auch für das Problem des Real-Möglichen von einem anthropologischen Aspekt aus: „anfangen", „denken", „Nicht-Haben", „mangeln"[119] sind das Jetzt des Menschen, aber die Zukunft ist offen und damit seine eigentliche Dimension, die des Prinzips „Hoffnung".

> „Ein Apriori der Geschlossenheit hat ... immer wieder die Dialektik der Offenheit zu sich zurückgeholt"[120]. „Was die Welt in Wahrheit ist, nicht hinsichtlich ihrer jeweils faktischen, sondern ihrer noch unfaktischen, das heißt un-gewordenen Essenz-Wahrheit, der einzig substanziellen: das ist in ihr selber noch ein Utopikum und um ihre Gestalten ein *Bedeutungshof*, ein meist erst realallegorisch vieldeutiger, selten schon realsymbolisch geordneter"[121]. „Das *Nicht*, dies Mangelnde und so Treibende im Jetzt, geht jederzeit an als *Front*. Das *Noch-Nicht*, dies eigentlich Zeithafte, nämlich Heraufkommende in der Zeit, öffnet sich als immer noch mögliches *Novum*, in echter Zukunft. Das im Nicht gärende, im Noch-Nicht gebärende, das Novum noch garantierende Möglichkeits-Substrat ist, mit umgreifendem Halt, die *Materie*, und zwar sowohl als bedingend-tragende wie

---

[113] *Rob. v. Hippel*, Strafrecht. II. a. a. O. S. 422.

[114] Zur älteren vgl. *Reinh. v. Hippel*, Versuch, S. 1 f.; zur jüngeren insbes. *Rob. v. Hippel*, Strafrecht. II. a. a. O. S. 419: *„Beurteilung zur Zeit der Tat..."*, was eben so wie der Kausalbegriff (vgl. ebda. S. 145 vor Anm. 2, S. 147) eine normative Aussage über den Umfang des Zuzurechnenden macht. Vgl. ausführlich zur Kausalität als Zurechnungsmodus *Engisch*, Kausalität, a. a. O.; ders. Weltbild. a. a. O. S. 110—140 m. zahlreichen Nachweisen.

[115] Als Nicht-Real-Möglichkeit.

[116] Als Real-Möglichkeit.

[117] A priori.

[118] RG 8, 202.

[119] A. a. O. S. 7.

[120] A. a. O. S. 23.

[121] A. a. O. S. 24; Hervorh. v. Verf.

als resultierend-wölbende. Reale Möglichkeit selber, soll sie nicht in weniger als Luft schweben, ist einzig die der Materie, einer vom ahistorischen Klotz freilich weit entfernten, höchst utopisch geladenen".[122] Die Welt der Hoffnung „voll *Anlage zu etwas, Tendenz auf etwas, Latenz von etwas,* nämlich von prozessual vorgehender Lösung des Grundes dieser Welt"[123]. „Daß etwas noch nicht ist und daraus besteht, diese Weise erscheint gewiß fremd. Sein als Noch-Nicht von Sein, das hat gewohnterweise keinen Begriff für sich, ist fast anstößig. ... Wie kommt es also in die Umgebung von Sein, ja liegt diesem stets unmittelbarst zugrunde, als sein stoßendes Nicht-Haben? ... Höchstens wenn man das Noch-Nicht nicht bis zu Ende denkt, dann erscheint eine Aporie geringer, nämlich bloß vordergründig, auf Abruf. Sie erscheint dann als bloßer subjektiver Abstand"[124]. Für die „vernünftige Praxis der Ontologie des Noch-Nicht-Seins"[125] bedeutet die Hoffnung eines ‚offenen Materialismus nach vorwärts'[126], also zugleich eine Absage an Sicherheit, Determiniertheit, die ex definitione Hoffnungslosigkeit wäre: „... Mögliches, nicht dieser schwierigste Topos von Noch-Nicht. Mögliches könnte sich dann einzig auf das In-Schwebe-Lassende von *Aussagen* beziehen, aufgrund bloß unzureichender *Kenntnis* der Sache, nicht aber aufgrund der unzureichend vorhandenen Seinsbedingungen in der *Sache selber.* Logisch gesprochen: Ein noch-nicht voll Mögliches käme dann nur im problematischen Urteil vor, nicht aber im assertorischen, als dem der festgestellten Wirklichkeit. Damit also wäre allerdings nicht nur die Aporie des Noch-Nicht sehr abgeschwächt, sondern dieses selber aus dem Sein entfernt, als einem schlechthin statischen, an und für sich überall erreicht-wirklichen"[127].

Insoweit bestätigt *Bloch* unseren Befund hinsichtlich der einen „Real-Möglichkeit" *Hartmanns*: Seine Real-Möglichkeit ist nicht feststellbar, erlaubt nur problematische Urteile, die der Strafrechtspraxis, jedenfalls so weit sie Real-Möglichkeit voraussetzen sollte, nicht ermöglichen, denn sie läßt Aussagen „In-Schwebe". Aber auch *Bloch*s Begriff des Möglichen erlaubt diese Praxis nicht, die gleichsam per definitionem die „Hoffnung" auslöschen müßte.

4. Real-Möglichkeit und Strafrechtsanwendung

Nach *Hartmann* läßt sich die Real-Möglichkeit nicht a priori bestimmen und nach *Bloch* hat man sie, aber nur als ‚Anfang', als ‚Hoffnung', als nicht Festgelegtes. *Bloch* spricht zu Recht von „Aporien des Noch-Nicht"[128],

---

[122] A. a. O. S. 25.
[123] A. a. O. S. 27 f.; Hervorheb. v. Verf.
[124] A. a. O. S. 20—21.
[125] A. a. O. S. 38.
[126] Vgl. a. a. O. S. 31.
[127] A. a. O. S. 21.
[128] A. a. O. S. 20.

denn für die Praxis ist die Frage unerheblich, ob z. B. zur Zeit *Leonardo da Vincis* der Satz ontologisch wahr war: „Der Mensch kann Maschinen bauen und mit ihnen fliegen". War ein bestimmtes Gemälde möglich, bevor es gemalt wurde? Für die Praxis gilt: Vorher konnten wir es nicht wissen, noch nicht einmal darauf „hoffen", denn selbst die Hoffnung setzte es bereits im Denken voraus.

Gefahrurteile und Prognoseentscheidungen müssen im Hinblick auf Strafrechtsanwendung ohne den Begriff des Real-Möglichen auskommen.

§ 5
VORRECHTLICHE WAHRSCHEINLICHKEITSBEGRIFFE UND STRAFRECHTSPRAXIS

Wenn es in der Praxis nicht möglich ist, Gefahrurteile und Prognoseentscheidungen auf „Real-Möglichkeit" im Sinne von noch-nicht-aber-dann-Wirklichkeit zu gründen, so müssen sich diese Dezisionen auf „Möglichkeiten" ohne *konkret nachweisbare ontologische Valenz* im angegebenen Sinne beziehen. Um Begriffsverschiebungen zu vermeiden, empfiehlt es sich, dafür den Ausdruck „Wahrscheinlichkeit" einzuführen. Dieser muß undefiniert bleiben[129], weil nicht ohne weiteres vorausgesetzt werden kann, daß eine einheitliche Deutung in allen Kontexten zu funktional befriedigenden Ergebnissen führt[130] und auch die quantitative wie qualitative Bedeutung des durch die Aufgabe eines ontologischen Wahrheitsanspruchs bereits implizit eingeführten hypothetischen Momentes durchaus divergieren kann. Die formal einfachste Lösung: Einführung eines bestimmten vorrechtlichen Wahrscheinlichkeitsbegriffs muß schon daran scheitern, daß es bereits innerhalb der Wahrscheinlichkeitstheorie und der allgemeinen Wissenschaftslehre keinen einheitlichen Wahrscheinlichkeitsbegriff[131] gibt, so daß sich schon deshalb jeglicher *juridischer Apriorismus* verbietet. Wie bei jeder anderen Dis-

---

[129] Im Gegensatz zur Häufigkeitstheorie wird er in der mathematischen Wahrscheinlichkeitstheorie ohnehin als undefinierter Grundbegriff eingeführt, vgl. dazu *Vetter,* a. a. O. S. 9.

[130] Wogegen z. B. die Vielfalt der korrespondierenden dogmatischen Begriffe spricht; Nachweise bei *Reinh. v. Hippel,* Versuch, a. a. O. S. 21.

[131] Vgl. z. B. einerseits *v. Mises,* a. a. O.; die 1. Aufl. wurde gewählt, weil es sich um die 1. vollst. Theorie d. logischen Wahrscheinlichkeit (in *Carnaps* Terminologie, vgl. *Carnap-Stegmüller,* a. a. O. S. 21: = Wahrscheinlichkeit$_2$ [W_2]) handelt; andererseits *Jeffreys,* a. a. O., der die bisher umfassendste Theorie der induktiven Wahrscheinlichkeit (in *Carnaps* Terminologie, vgl. wie vor: = Wahrscheinlichkeit$_1$ [W_1]) entwickelt hat. Dagegen verwendet *Carnap* in seiner Theorie *beide* Wahrscheinlichkeitsbegriffe, die hier zunächst nur paradigmatisch eingeführt und ihrerseits höchst divergent von den verschiedensten Autoren verwendet werden. Aufschlußreich z. B. die Verschiebung von objektiver Wahrscheinlichkeit zu subjektiver Wahrscheinlichkeit und deren ‚Re-Objektivierung' b. *Helmer/Rescher,* a. a. O.

ziplin kann erst die jeweils spezifische Problemerkenntnis Relevanzen und Adäquanzen für den jeweiligen Wahrscheinlichkeitsbegriff liefern. Es sei an dieser Stelle nur kurz angemerkt, daß auch innerhalb der Wahrscheinlichkeitslehren wiederum implizit oder explizit Relevanzen oder Adäquanzen eingeführt werden, insofern die jeweilige Wahrscheinlichkeitslehre zumindest prinzipiell ihre Anwendbarkeit voraussetzt. Vielfach verbergen sie sich in den Anwendungsbeispielen und sind wegen deren Trivialität („fairer Wettquotient" oder „Mitnehmen eines Regenschirms") nicht ohne weiteres erkennbar, oder hinter Ausdrücken wie z. B. „Rationalität des Verhaltens", womit implizit eingeführt wird, daß bei beliebigem Verhalten dessen Rationalität immer gleichförmig zu begründen sei. Die logische Richtigkeit mag dabei sogar unterstellt werden, die existenzielle wie präskriptive dagegen bedarf gesonderter Untersuchung.

Es ist zu berücksichtigen, daß außerhalb einer *allgemeinen* Wissenschaftstheorie und sobald *Praxis* in Frage steht, divergierende Problemlagen innerhalb einer Disziplin dazu führen können, daß nebeneinander verschiedene Wahrscheinlichkeitsbegriffe verwendet werden müssen. So unterscheidet z. B. *Schneider*[132] zwischen Rückfallprognose, unterteilt in „Kriminalprognose bei der Entscheidung über die ‚Strafaussetzung zur Bewährung' (probation)"[133] und „Kriminalprognose bei der ‚bedingten Entlassung' (parole)"[134] und „Behandlungsprognose"[135], unterteilt in „Klassifikationsprognose"[135a] und „Prognose zur Anwendung von Behandlungsmaßnahmen in Strafanstalten"[136]. Da der Wahrscheinlichkeitsbegriff oder die Wahrscheinlichkeitsbegriffe in unserem Zusammenhang auf die Möglichkeit strafrechtlicher Praxis zu beziehen und aus dieser die Relevanzen und Adäquanzen abzuleiten sind, läßt sich bereits feststellen, daß nur eine methodologische, also juristische Begriffsbildung in Frage kommt. Dabei kann die juristische Erfahrung nicht auch nur andeutungsweise ausgeschöpft werden, vielmehr muß die Untersuchung auf die Analyse einiger exemplarischer Anwendungsprobleme beschränkt werden, ohne den Geltungsumfang der dabei gewonnenen Einsichten für andere, auch naheliegende Entscheidungskontexte a priori eindeutig angeben zu können.

Theoretisch wäre es möglich, eine bestimmte Gruppe dogmatisch scheinbar einheitlicher Entscheidungskontexte wie z. B. alle ‚Gefährdungstatbestände' des Besonderen Teils des StGB zu analysieren und zu systematisieren[137].

---

132 A. a. O. S. 397 ff.

133 S. 457 ff.

134 S. 461 ff.

135 S. 474 ff.

135a S. 474 ff.

136 S. 480 ff.

137 Zu den Grenzen insbes. der Einbeziehung des Allgemeinen Teils, vgl. *Reinh. v. Hippel,* Versuch, a. a. O. insbes. vor Anm. 104 und Anm. 118.

Ein solches Vorgehen hätte aber zwei entscheidende Nachteile. Einmal stünde in Frage, ob eine so gewonnene Gefährdungstheorie[138] und deren juristischer „Wahrscheinlichkeitsbegriff"[139, 140] etwa auch im Nebenstrafrecht[141] oder nach bereits anstehenden Novellierungen des Besonderen Teils des StGB auf weitere Tatbestände anwendbar wäre. Zum anderen ist gerade das Kontrastieren funktional und morphologisch erkennbar ungleichartiger Entscheidungskontexte geeignet, dem Problemverständnis weitere Dimensionen hinzuzufügen.

Bei der hohen sozialen und rechtlichen Veränderungsrate müssen die Geltungsansprüche einer Theorie ähnlich wie in stark expandierenden naturwissenschaftlichen Disziplinen notwendig bescheidener ausfallen, soll nicht der Weg zu praktisch anwendbaren Einsichten durch wissenschaftsästhetische Bedürfnisse verbaut werden. So ist z. B. die physikalische Chemie nach dem ursprünglichen Anspruch, die Physik zur Universalsprache der Wissenschaft zu machen[142], längst zu einer anerkannten *Spezial*disziplin der Chemie mit einer eigenen Methodik geworden, während das ursprüngliche Projekt einer durch die Wahl der Sprache der Physik „vereinigten Wissenschaft" als Universalwissenschaft selbst von einem seiner prominentesten Protagonisten aufgegeben worden ist[143].

Angesichts dieser Situation müssen einerseits die Geltungsansprüche auf ein Minimum reduziert werden, notfalls bis zum Verzicht auf eine allgemeine Theorie. Andererseits muß versucht werden, aus der Analyse von exemplarischen Entscheidungskontexten ein Maximum an Entscheidungsfunktionen

---

[138] Deren Möglichkeit hier heuristisch unterstellt wird.

[139] Exemplarisch z. B. *Reinh. v. Hippel*, Vorsatzprobleme, a. a. O. insbes. S. 454 ff. Vorbildlich für einen einzelnen Tatbestand die Habilitationsschrift von *Naucke*, Betrug, a. a. O., der im Vorwort S. 5/6 den vorläufigen Modellcharakter seiner Untersuchung für das Problem des Verhältnisses von Strafrechtsdogmatik und Kriminologie betont.

[140] Der im Gefahrbegriff enthalten wäre.

[141] Vgl. z. B. die Kontroverse zwischen *Lange* und *Welzel* über die Frage, ob im Nebenstrafrecht die Schuld- oder die Vorsatztheorie zu sachgerechten Ergebnissen führt: *Lange*, Schuldlehre. A. a. O. S. 73 ff.; Magna Charta. a. a. O. S. 519 ff.; Ordnungswidrigkeit, a. a. O. S. 233 ff.; weit. Nachw. in *Kohlrausch-Lange*, Systematische Vorbemerkungen IV 4. *Welzel:* Nebenstrafrecht, a. a. O. S. 238 ff. u. Anm. a. a. O. S. 130 ff.

[142] Z. B. *Carnap*, Universalsprache a. a. O. S. 432 ff.; ders. Psychologie, a. a. O. S. 107 ff.; ders. Unity of Science, a. a. O. S. 42 ff.; ders. Protokollsätze, a. a. O. S. 215 ff.; *Neurath*, Protokollsätze, a. a. O. S. 204 ff.

[143] *Carnap*, Andere Seiten, a. a. O. S. 360 ff.; vgl. insbesondere den Zwischentitel im Inhaltsverzeichnis, S. 10: „Der ‚Physikalismus' in der alten Form muß aufgegeben werden." — Zur frühen Kritik vgl. insbes. *Dewey*, a. a. O. S. 34: „The attempt to secure unity (of science) by defining the terms of all sciences in terms of some one science is doomed in advance to defeat."

bewußt zu machen, deren sinnvolle Einordnung weitgehend der Gesetzgebung und der sich anschließenden Praxis[144] überlassen bleiben muß.

Schließlich sei noch darauf hingewiesen, daß strafrechtliche Entscheidungen nicht ohne weiteres auf allgemeine Entscheidungsregeln gestützt werden können, die u. a. von Wahrscheinlichkeitstheoretikern aufgestellt worden sind: das Problem der Anwendung von Entscheidungsregeln in der Praxis entsteht prinzipiell z. B. auch in der Betriebswirtschaftslehre. Bei ihr wird allerdings praktisch einhellig als durchgängige Determination die Gewinnmaximierung zu Grunde gelegt. Insofern ist das Problem *scheinbar* einfacher, weil viele Entscheidungsmöglichkeiten damit implizit ausgeschlossen sind. Ein solcher impliziter Ausschluß ist im heutigen Strafrecht, in dem von den Strafzwecken bis zu den Interpretationsmethoden[145] alles offen ist, nicht möglich.

Die schlichte Anwendung allgemeiner Entscheidungsregeln kann sogar durch speziellere *juristische* Entscheidungsregeln wie insbesondere die in-dubio-Regel rechtlich unzulässig sein. So stellt z. B. *Carnap*[146] die Regel auf: „Bei Vorhandensein verschiedener Möglichkeiten handele auf Grund der Erwartung mit der höchsten Wahrscheinlichkeit$_1$"[147]. Juristisch wäre es aber z. B. unzulässig, wegen schwerer Körperverletzung (§ 224) zu verurteilen, wenn die Erfolgsqualifizierung zwar mit höchster Wahrscheinlichkeit eintreten wird, zur Zeit der Hauptverhandlung aber noch nicht eingetreten war[148]. Um zu einer Verurteilung wegen der Erfolgsqualifizierung zu gelangen, kann allenfalls erwogen werden, die Hauptverhandlung bis zum Erfolgseintritt auszusetzen.

§ 6
WAHRSCHEINLICHKEIT UND SACHKOMPETENZ RECHTLICHE WAHRSCHEINLICHKEITSBEGRIFFE UND STRAFRECHTSPRAXIS

Wenn ein bestimmter — rechtlicher oder vorrechtlicher — Wahrscheinlichkeits*begriff* der Praxis zur Zeit nicht *vor*gegeben werden kann, muß ihr das Wahrscheinlichkeits*urteil auf*gegeben werden. Ohne praktikablen ontologi-

---

[144] In Amtlichen Begründungen findet sich zunehmend der Satz, daß die Lösung bestimmter Probleme „der Rechtsprechung und Lehre überlassen bleiben soll". Zum Problem des Verhältnisses von Legislative und rechtsanwendenden Instanzen und der materiellen Gewaltenteilung vgl. *Reinh. v. Hippel*, Individualgefahr, a. a. O. S. 378 (381 ff.).

[145] Z. B. *Schröder* gegen *Naucke*, vgl. *Schönke-Schröder*, Randnr. 34 zu § 2 m. Nachw.

[146] In *Carnap-Stegmüller*, a.a . O. S. 106.

[147] „Wahrscheinlichkeit$_1$" = induktive Wahrscheinlichkeit.

[148] Vgl. z. B. RG 27, 80; 14, 4; die weitere (streitige) Variante, ob die Erfolgsqualifizierung zur Zeit der Hauptverhandlung *noch* vorliegen muß, behandelt RG 44, 59/60 ff. (Geisteskrankheit).

schen Möglichkeits- oder für die Rechtsanwendung apriorischen Wahrscheinlichkeitsbegriff stellt sich deshalb erneut die Frage nach der Sachkompetenz und den Garantien der Rechtssicherheit.

1. Die Entscheidung über den Sachverhalt

Die *Sachkompetenz* ergibt sich formell wie die *Sprachkompetenz* aus dem Gerichtsverfassungsgesetz und den einschlägigen Prozeßgesetzen. Die Unterscheidung zwischen *Sachkompetenz* und *Sprachkompetenz* soll hier lediglich als heuristisches Prinzip eingeführt werden, da sie nur bei einer unzutreffenden Vorstellung einer radikalen Trennung von materiellem Strafrecht und Strafprozeßrecht[149] rein durchgeführt werden kann. Im folgenden soll wiederum kein einziges Problem „abschließend" durch eine Theorie des Verfassers „gelöst" werden, vielmehr soll aufgezeigt werden, wie in der *Praxis*[150] die dem zuständigen Gericht obliegende ‚Sachverhaltsfeststellung', die in Wahrheit eine *Entscheidung* über den Sachverhalt ist[151], aus Wahrscheinlichkeitsfeststellungen besteht.

Idealtypisch können zwei Modelle der Entscheidung über den Sachverhalt aufgestellt werden, die sich jeweils in ihrer Ausgestaltung darauf zurückführen lassen, wer die Sachkompetenz hat.

1. Sachkompetenz des Gesetzgebers

Beansprucht der Gesetzgeber die Sachkompetenz prinzipiell für sich, so wird er die Entscheidung über den Sachverhalt durch Aufstellung bindender formeller Beweisregeln abstrakt-generell vorwegzunehmen versuchen[152].

Soll die Sachkompetenz prinzipiell bei dem Gesetzgeber liegen, so müßten die Beweis*regeln* insofern formell sein, als eine *Würdigung* der Beweis*mittel* eine grundlegende Verschiebung der Sachkompetenz zum beweiswürdigenden Richter bedeuteten. Die Beweismittel müßten deshalb in einem formellen Beweisrecht *absolute* sein[153]. Scheidet man ihrerseits unbeweisbare absolute (magische)[154] Erklärungen der absoluten Beweismittel aus, so können die Beweismittel in ihrer Zuverlässigkeit lediglich präsumiert werden: Es

---

[149] Vgl. dagegen insbes. *Goldschmidt,* Justizrecht a. a. O. in toto; ders. Rechtslage, a. a. O. insbes. §§ 17 ff., 31 und *Peters,* z. B. Strafrechtsgestaltende Kraft, a. a. O. in toto.

[150] Deshalb wird die Untersuchung im wesentlichen auf die Rechtsprechung gestützt und Literatur nur beispielhaft eingeführt, um die Praxis zu relativieren.

[151] Diese Einsicht lag bereits der Konstruktion des *alten* Schwurgerichts zu Grunde: Die Laienrichter hatten über die *Schuld*frage, also den *Sachverhalt* zu entscheiden, während der *Strafausspruch* den gelehrten Richtern vorbehalten blieb.

[152] Versuchen insofern, als entweder die Beweisregeln außerordentlich ‚primitiv' oder ihrerseits interpretationsbedürftig sein werden.

[153] Vgl. z. B. *Reinh. v. Hippel,* Zeugeneid. a. a. O. S. 119 ff. m. weiteren Nachweisen.

[154] Z. B. beim Ordal; vielfach folgte die Notwendigkeit absoluter Beweismittel aber aus rationalen Gründen: Z. B. der Schriftlichkeit des Verfahrens im Preußischen Inquisitionsprozeß.

erscheint *in abstracto*[155] *als wahrscheinlich*, daß sie *in concreto* zu richtigen Ergebnissen führen werden. Dieser Präsumption können wiederum zahlenmäßig begrenzte und nicht vollständig analysierbare Erfahrungen zu Grunde liegen, von denen auf künftige Anwendungsfälle geschlossen wird. Dabei handelt es sich um eine Extrapolation mutmaßlicher (weil nicht verifizierbarer) Erfahrungen. Unterstellt man einmal die eindeutige Prädizierbarkeit der Einzelerfahrungen als wahr bzw. falsch und die bisherigen Erfahrungen als repräsentativ für alle bisherigen und zukünftigen Erfahrungen, so ließe sich mit statistischen Methoden z. B. der Grenzwert der Häufigkeit wahrer Sachverhaltsentscheidungen nach einem gegebenen formellen Beweissystem angeben. Das bedeutet für die Praxis, daß die Wahrscheinlichkeit bei der Sachverhaltsgewinnung ein Näherungswert ist, bezogen auf alle Entscheidungen nach dem Beweissystem. Das Beweissystem als solches impliziert also Wahrscheinlichkeit.

2. Sachkompetenz des Richters

Wird die Sachkompetenz dem Richter zugeordnet, so kommt es nicht mehr auf die Beweismittel *als solche* an, sondern auf deren *konkrete* Bewertung (Grundsatz der Beweiswürdigung)[156]. *Konkret* ist die Bewertung der Beweismittel dann, wenn keine prinzipiellen[157] *rechtlichen* Einschränkungen gelten. Voraussetzung der damit implizierten *freien* richterlichen Beweiswürdigung (§§ 244, 261 StPO, vgl. a. § 286 ZPO) ist die Unmittelbarkeit der Beweisaufnahme. Die Sachkompetenz fällt insoweit[158] dem *Tatrichter* zu, und gesetzliche Regeln sind im wesentlichen nur noch bei einem Kollegialgericht darüber notwendig, wessen Beweiswürdigung bei divergierender Auffassung rechtliche Relevanz zuzuordnen ist (vgl. § 263 StPO). Bereits die Tatsache, daß nach der gesetzlichen Regelung der Abstimmungsverhältnisse bei *einer* Beweisaufnahme *verschiedene* Beweiswürdigungen vorkommen können, wie das prinzipielle Fehlen von Beweisbindungen[159], deutet auf Wahrscheinlichkeitsgrundlagen bei der Entscheidung über den Sachverhalt.

2. *Sachkompetenz des Tatrichters und Verifikation*

§ 261 StPO verlangt eine Entscheidung „nach ... *Überzeugung*" des *Gerichtes*. Diese Überzeugung bezieht sich auf die vom Gericht gem. § 244 II

---

[155] „Da sich allgemein gültige Regeln, die mit Sicherheit auch im Einzelfall Geltung beanspruchen können, nicht aufstellen lassen ..."; *Peters*, Strafprozeß, a. a. O. S. 255.

[156] Zur Entwicklung vom formellen zum materiellen Beweisrecht vgl. *Reinh. v. Hippel*, Zeugeneid, a. a. O. S. 119 ff. mit zahlreichen Nachweisen.

[157] Beweisverbote und Beweisverwertungsverbote können hier außer Betracht bleiben.

[158] Im geltenden Recht sowohl durch Gesetz (Beweisverbote, Beweisverwertungsverbote, Beweisbindungen in § 190 StGB, § 274 StPO), wie durch die Revisionsrechtsprechung zu den sogenannten allgemeinen Denkgesetzen und Erfahrungsregeln eingeschränkt.

[159] Ausnahmen: §§ 190 StGB, 274 StPO.

StPO zu erforschende „Wahrheit". Der Satz: „Fraglich ist nur, wann das Gericht sich sagen darf, daß es die ‚Wahrheit' erforscht habe"[160], ist insofern ungenau, als der Ausdruck: ‚Erforschung der Wahrheit' mehrdeutig ist: ist die ‚Wahrheit' erforscht, wenn: 1. die Beweisaufnahme prozeßrechtlich erschöpfend durchgeführt und abgeschlossen ist? 2. die Beweisaufnahme zu einem ‚verifizierten' Ergebnis geführt hat? 3. Das Gericht justizförmig, d. h. nach bestimmten Grundsätzen, über den Sachverhalt entschieden hat?

Die prinzipielle Unmöglichkeit einer abschließenden Sachverhaltsverifikation ist für die Reichsjustizgesetze eindeutig, so daß auf die entsprechenden wissenschaftstheoretischen Forschungen nicht eingegangen zu werden braucht. In der Rechtsprechung finden sich dazu z. B. folgende Formeln:

1. „Vermöge der Beschränkung der Mittel menschlichen Erkennens kann niemand (selbst im Falle einer unmittelbaren Anschauung eines Vorganges) zu einem *absolut sichern* Wissen von der Existenz eines Thatbestandes gelangen[161]".
2. „ein ‚absolut sicheres' Wissen – demgegenüber das Vorliegen eines gegenteiligen Tatbestandes ‚absolut ausgeschlossen' wäre – ist der menschlichen Erkenntnis bei ihrer Unvollkommenheit überhaupt verschlossen[162]".
3. „Objektive Wahrheit ist nur *gedanklich vorstellbar.* Ihr Nachweis durch menschliche Erforschung und Erkenntnis ist *begrifflich* unmöglich, weil diese als an die erkennende Person gebunden von Natur subjektiv, also relativ sind. Das gilt auf allen Gebieten menschlichen Wissens und Erkennens. Auch dem Richter ist deshalb die Findung absoluter Wahrheit verschlossen . . .[163]."
4. „. . . daß die prozessuale Feststellung einer . . . Tatsache . . . nicht . . . eine von niemand anzweifelbare absolute Gewißheit erfordert"[164].
5. „Es ist nicht erforderlich, daß der Schluß des Tatrichters logisch zwingend ist. Es genügt vielmehr, daß er möglich ist[165]."

Diese Formeln stimmen zwar insofern überein, als keine von ihnen irgendeine Verifikation in irgendeinem technischen Sinne[166] verlangt. Im übrigen sind sie aber durchaus disparat, ohne daß die jeweiligen philosophischen Anknüpfungen sichtbar nachweisbar wären. Summarisch läßt sich allerdings eine Verschiebung von der nachkantischen Erkenntnistheorie (Nr. 1–3) und der Apperzeptionspsychologie (Nr. 3) in Richtung der Unentscheidbarkeit von Sätzen (Nr. 4–5) feststellen. Für unsere Zwecke genügt es auch, daß die Rechtsprechung in ihren verschiedenen Phasen übereinstim-

[160] *Eberh. Schmidt,* Lehrkommentar I, a. a. O. Nr. 373.
[161] RGZ 15, 338 ff. (339).
[162] RGSt 61, 202 ff. (206); entsprechend z. B. OLG Hamm, MDR 49, 636.
[163] RGSt 66, 163 ff. (164).
[164] BGH NJW 51, 83 (zu § 261 StPO).
[165] BGH VRS 29, 14 (zu § 261 StPO).
[166] Als ‚logische' oder ‚empirische'.

nend hinsichtlich der eingangs gestellten Frage von der *Entscheidung* über den Sachverhalt ausgeht. Dieses Ergebnis läßt sich zwar seinerseits nicht abschließend beweisen, wohl aber an Hand möglichst weitgehend technisch spezialisierter Entscheidungssätze belegen. Im folgenden soll ein signifikantes Beispiel untersucht werden:

> „Der Grundsatz der freien Beweiswürdigung, wie ihn § 261 StPO (ebenso wie § 286 ZPO) aufstellt, bedeutet nicht, daß der Richter nunmehr von jeder Bindung losgelöst ist. Er ist unter die Gesetze des Denkens und der Erfahrung gestellt und hat diese Gesetze bei der Feststellung von Tatsachen zu beachten. Diese Gesetze sind Normen des ungeschriebenen Rechts. Ihre Nichtbeachtung ist Verletzung des Gesetzes im Sinne des § 337 StPO und kann die Revision begründen.
>
> In der Rechtsprechung ist schon seit Jahren als Erfahrungssatz der Wissenschaft anerkannt, daß einem Blutgruppengutachten, nach dem auf Grund einer Bestimmung der Blutmerkmale M und N die Vaterschaft eines Mannes *ausgeschlossen* ist, bei dem heutigen Stand der wissenschaftlichen Erkenntnis *unter der Voraussetzung fehlerfreier Bestimmung der Merkmale* eine unbedingte, jeden Gegenbeweis mit anderen Beweismitteln grundsätzlich ausschließende Beweiskraft zukommt (BGHZ 2, 6 (11); ferner das Urteil des 4. Zivilsenats des Bundesgerichtshofs IV ZR 159/52 vom 17. Dezember 1953, BGHZ 12, 22). Diese Beweiskraft beruht auf der Annahme der Wissenschaft, daß es eine Anzahl von Blutmerkmalen gibt, von denen sich einzelne unveränderlich im Blut eines jeden Menschen vorfinden und sich in einem bestimmten, naturgesetzlich festliegenden Vererbungsgang vererben. Der von der Wissenschaft angenommene Vererbungsgang der Blutfaktoren M und N hat sich in hunderttausenden von Fällen als richtig erwiesen und gilt damit als völlig gesichert (vgl. Gutachten des Instituts Koch — mitgeteilt in der AV des RJM vom 20. Januar 1939, DJ 1939, 349 —; ferner Pietrusky, Das Blutgruppengutachten, und derselbe NJW 1949, 617; Böhmer-Greiner, NJW 1951, 182). Ebenso ist es ein anerkannter Satz der wissenschaftlichen Erfahrung, daß die Blutmerkmale keinen qualitativen Änderungen (‚Mutationen') unterliegen. Das Gutachten des Instituts Koch hat dazu bereits festgestellt, daß trotz sehr umfangreicher Unterlagen aus einwandfreien Abstammungs- und Familienuntersuchungen niemals auch nur e i n Fall von Mutation der Blutgruppenerbanlagen nachgewiesen sei. Dieser Grundsatz ist durch die seit 1939 gemachten Erfahrungen nicht erschüttert worden. Seine Geltung wird von der Wissenschaft auch heute allgemein anerkannt (vgl. Pietrusky, Das Blutgruppengutachten S. 5/6; Böhmer-Greiner, NJW 1951, 182)."[167]

Der genannte Erfahrungssatz ist als *scheinbare Durchbrechung* des Prinzips der freien Beweiswürdigung besonders geeignet, die ‚dezisionistische These' zu stützen: Er enthält als partielle Integration von Wissenschaften

[167] BGH 6, 70 (72 f.); Hervorheb. v. Verf.

eine Konvention[168] der Rechtsprechung[169], die lediglich das Willkürverbot punktuell konkretisiert. Damit wird der zukünftigen Rechtsprechung sub conditione unveränderter Verhältnisse eine Entscheidungshilfe gegeben, und die Überprüfung der tatsächlichen Voraussetzungen[170] weiterhin der Sachkompetenz des Tatrichters überlassen. Die Überprüfung der Fortgeltung der Konvention wird dagegen über das Institut des Vorlagebeschlusses[171] als für die Rechtssicherheit integrative Funktion dem oberen Bundesgericht vorbehalten. Die allgemeine Problematik, daß eine Extrapolation von endlich vielen[172] Fällen nur *wahrscheinlich* zu richtigen Ergebnissen führt, ist als *generelles theoretisches Problem* auf einer anderen Stufe normkonkretisierender Instanzen *normativ* entschieden worden. Dabei verdient es besondere Erwähnung, daß sich diese Konvention auf den *Ausschluß* der Vaterschaft bezieht[173], während eine Entscheidungshilfe für die *positive* Vaterschafts*feststellung* selbst bei dem extrem seltenen Merkmal C^w im C/c-System fehlt, weil hier nicht über ein allgemeines methodologisches Problem zu entscheiden ist, sondern für die Dezision über den Sachverhalt eine quantifizierte *statistische Wahrscheinlichkeit* dem Tatrichter als verbindlich vorgeschrieben werden müßte. Die Anwendung statistischer Ergebnisse auf Einzelfälle ist aber gerade methodologisch unzulässig, „denn statistische Methoden können immer (nur!) dann angewandt werden, wenn Massen vorliegen“[174]. Ein solcher methodologischer Fehler würde nicht nur in der Praxis, sondern bereits in der Theorie und Rechtsideologie das Strafrecht zu einem Glücksspiel[175] machen. Das mögen folgende Ausführungen eines prominenten Gutachters zu der Spezialfrage dartun, der eben diesen Fehler gemacht hat:

> „Manche Richter wünschen nun, wenn die Vaterschaft eines Mannes nicht ausgeschlossen werden kann, Angaben über den Grad der Wahrscheinlichkeit der Vaterschaft des untersuchten Mannes bei dem klagenden Kind. Solche Werte lassen sich aus den bei Kind und Kindesmutter ermittelten Blutgruppenformeln errechnen, und zwar derart, daß die Wahrscheinlichkeit der Vaterschaft eines nicht ausschließbaren Mannes umso größer ist, je seltener beim Kind Merkmale vorhanden sind, die bei der Mutter n i c h t vorkommen, und die das Kind daher von seinem Erzeuger hat erben müssen. Findet man z. B.

---

168 „Normen des ungeschriebenen Rechts“.

169 Die abgeändert werden kann, vgl. die Ausführungen zum „Gutachten Koch“, a. a. O. S. 73.

170 Der fehlerfreien Bestimmung der Merkmale, a. a. O. S. 73.

171 §§ 121 II, 136 I GVG.

172 „Hunderttausenden“; BGH a. a. O. S. 73.

173 Vgl. a. a. O. S. 72 unten.

174 *Kellerer*, a. a. O. S. 11.

175 Wie sehr jeder Prozeß Gefahr läuft, zu einem Spiel zu werden, zeigen die trotz der Schwerfälligkeit des Wiederaufnahmeverfahrens aufgedeckten Justizirrtümer (vgl. dazu insbes. *Peters*, Fehlerquellen, a. a. O.; ders. Fehlurteile, a. a. O.) und die Argumentationen zum Problem der Rechtskraft (z. B. *Niese*, a. a. O. insbes. S. 113). Vgl. insbesondere die geistreiche Studie von *Otto*, a. a. O.

beim Kind die sehr seltene Variante im C/c-System, C^w, und ist dieses Merkmal C^w bei der Kindesmutter nicht vorhanden, wohl aber bei dem als Erzeuger in Anspruch genommenen Mann, so läßt sich zunächst sagen, daß 99 von Hundert aller Männer von der Vaterschaft bei dem Kind ausgeschlossen werden können, da das Merkmal C^w nur zu 1 % in der Bevölkerung vorkommt; *das bedeutet im vorliegenden Fall, daß der C^w-positive Mann mit einer Wahrscheinlichkeit von 99 % der Erzeuger des C^w-positiven Kindes der C^w-negativen Mutter ist.*

In diesem Zusammenhang möchte ich erwähnen, daß mir ein Kollege über die Frage der Feststellung der Wahrscheinlichkeit der Vaterschaft folgendes mitteilte:

In einer Zweimannsache fand er beim Kind und bei dem Beklagten den Befund C^w-positiv, bei der Mutter C^w-negativ. Der Mehrverkehrszeuge konnte zunächst nicht untersucht werden. Der Sachverständige erstattete dem Gericht das Gutachten ohne Untersuchung des Zeugen, die er für überflüssig hielt, da aufgrund der festgestellten C^w-Befunde eine Wahrscheinlichkeit von 99 % für die tatsächliche Vaterschaft des Beklagten bestehe. Nachträglich gelangte das Blut des Zeugen noch zur Untersuchung. Überraschenderweise erwies auch er sich als C^w-positiv. Demnach mußte die gutachtliche Äußerung über den hohen Wahrscheinlichkeitsgrad der Vaterschaft des Beklagten zurückgenommen werden.

Es ergibt sich demnach, daß der Gutachter dem Richter empfehlen sollte, auf die Feststellung des errechneten Wahrscheinlichkeitsgrades einer Vaterschaft nicht so großen Wert zu legen.“[176]

Die „Mitteilung des Kollegen“ demonstriert sowohl die methodologische Unzulässigkeit der Anwendung von Statistiken auf Einzelfälle wie die Unverträglichkeit einer an sich möglichen rechtlichen Normierung eines außerrechtlichen Fehlers mit den strafrechtsideologischen Prämissen der Einzelfallgerechtigkeit, selbst wenn diese im statistischen Mittel unter Umständen dadurch sogar optimiert werden könnte:

Strafrechtliche Justizirrtümer können zwar nicht immer vermieden werden, sie dürfen aber keinesfalls *geplant* werden. Die Planung gehört jedenfalls nicht zur Einzelfallentscheidung, so weit es die Sachverhaltsgewinnung angeht[177], sondern zu dem Teil der Kriminalrechtspolitik, der es mit Massen zu tun hat[178], deren Häufigkeitsverteilung mit gesetzgeberischen und administrativen Mitteln beeinflußt werden soll.

---

[176] *Dahr,* a. a. O. S. 130 f.; Hervorhebungen v. Verf.

[177] Hier trägt Justitia nach wie vor die Binde; bei der Strafzumessung wie bei der Strafaussetzung zur Bewährung oder der Einstellung des Verfahrens spielt in der Praxis allerdings die (planende) Generalprävention eine heftig umstrittene Rolle; vgl. insbes. *Eberh. Schmidt,* Freiheitsstrafe, a. a. O. S. 1929 ff.

[178] Polizeirecht, Sozialrecht usw.; hierauf, und nicht etwa auf die Strafrechtspraxis, bezieht sich z. B. *Bohnes* Versuch einer Kriminalsoziometrik nach dem Modell des Entropiesatzes, s.: Abhängigkeit, a. a. O. S. 181 ff.

3. *Der Praktikabilitätsrigorismus von RGSt 61, 202 und der Stand der allgemeinen Wissenschaftstheorie*

Die Zurückweisung der Verifikationsthese durch die Rechtsprechung läßt immer noch offen, ob die Wahrheitsfindung mit der Beweisaufnahme oder mit einer *Entscheidung* über den Sachverhalt abgeschlossen ist. Der Unterschied zwischen diesen Thesen ist nicht mehr der zwischen formellem und materiellem Beweisrecht, sondern zwischen freier und gebundener Beweiswürdigung. Diese an sich durch § 261 StPO[179] offenbar eindeutig entschiedene Frage, ist nach einigen revisionsrichterlichen Entscheidungen zumindest ins Zwielicht gerückt: So heißt es in der Entscheidung des 1. Strafsenats des Reichsgerichts vom 15. 2. 1927[180]:

> „Wie es allgemein im Verkehr ist, so muß auch der Richter sich mit einem so hohen Grade von Wahrscheinlichkeit begnügen, wie er bei möglichst erschöpfender und gewissenhafter Anwendung der vorhandenen Mittel der Erkenntnis entsteht. Ein solcher Grad von Wahrscheinlichkeit gilt als Wahrheit, und das Bewußtsein des Erkennenden von dem Vorliegen einer so ermittelten hohen Wahrscheinlichkeit als die Überzeugung von der Wahrheit."[181]

Diese bemerkenswerten Sätze sollen der Übersichtlichkeit halber in möglicherweise[182] implizierte *Thesen* aufgegliedert werden:

1. Für die Praxis gibt es allgemeine Entscheidungsregeln.
2. Diese Regeln schreiben ein Handeln aufgrund einer Hypothese vor, die quantitativ adäquat ‚wahrscheinlich' ist.
3. Die Hypothese ist dann ‚adäquat' wahrscheinlich, wenn die zur Verfügung stehenden Daten ‚erschöpfend und gewissenhaft' ausgewertet sind.
4. Diese Entscheidungsregeln gelten auch für die Strafrechtspraxis.
5. Eigene strafrechtliche Adäquanzen gibt es nicht.
6. Die ‚quantitativ adäquat wahrscheinliche' Hypothese *gilt* im Strafrecht als Wahrheit (Fiktion!).
7. Die Hypothesenkenntnis des Gerichts gilt im Strafrecht als Überzeugung des Gerichts (Fiktion!).

---

[179] „Über das Ergebnis der Beweisaufnahme entscheidet das Gericht nach seiner freien . . . Überzeugung".

[180] RGSt 61, 202 ff. (206).

[181] Die Entscheidung geht eindeutig auf die E RGZ 15, 338 (339) zurück, auf die sie sich auch an erster Stelle beruft. Die gleichfalls angezogenen Entscheidungen RGSt 51, 127 und 58, 130 (131) gehören kaum hierher. Der Entscheidung RGSt 61, 202 ff. (206) folgt nach dem Kriege ausdrücklich OLG Frankfurt, SJZ 48, Sp. 617 ff. (618) m. weit. Nachw.; Entscheidungen wie z. B. OLG Hamm, MDR 49, 636 (li. Sp. unten), die sich zwar ausdrücklich auf RGSt 61, 206 beziehen, aber gleichzeitig Probleme „allgemeiner Erfahrungssätze" behandeln, werden wegen der insofern dem *Tat*richter entzogenen Sachkompetenz und der damit implizierten Verschiebung der Problemlage, hier nicht ausgewiesen. Explizit kritisch zu RGSt 61, 202 z. B. BGH JR 57, 386.

[182] Eine abschließende *historische* Aussage über den Text ist nicht möglich.

ad 1)

Die Vorstellung einfacher, universal gültiger Entscheidungsregeln kann schlechthin nur als wissenschaftlich naiv bezeichnet werden, so daß sich eine ausführliche Auseinandersetzung mit ihr erübrigt. So stellt z. B. *Gäfgen*[183] bereits für eine — fehlende! — vollständige Theorie der *wirtschaftlichen* Entscheidung folgende – bis auf Einzelfälle noch nicht untersuchte – Idealtypen auf:

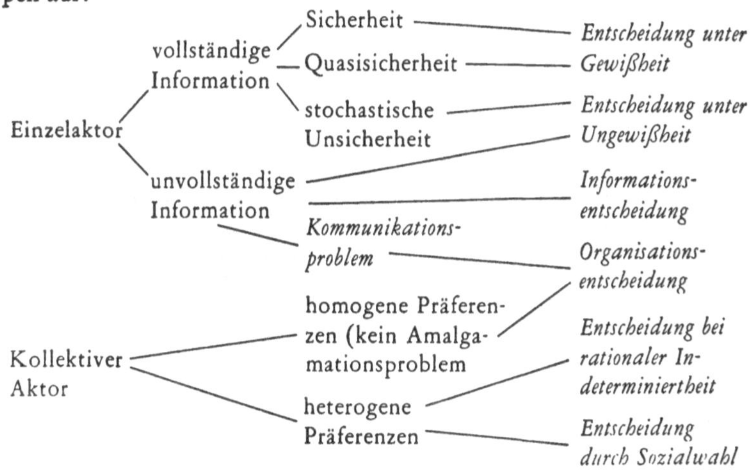

Die These setzt implizit voraus, daß es sich um mit den Mitteln der deduktiven Logik beherrschbare Ableitungszusammenhänge auch da handelt, wo entweder auf synthetische Apriori zurückgegriffen[184] oder auf jeglichen Wahrheitsanspruch verzichtet werden muß:

> „Wenn man die Erkenntnis ... als System von Setzungen deutet, hat man ein solches Prinzip nicht nötig[185]". „*Der Empirist darf ein synthetisches Prinzip benutzen, weil er nicht behauptet, daß es wahr ist, oder zu wahren Schlüssen führt, oder zu richtigen Wahrscheinlichkeiten, oder zu irgendeiner anderen Art von Erfolg; alles, was er behauptet, ist, daß die Anwendung dieses Prinzips die vorteilhafteste Handlungsweise bedeutet. Das Aufgeben jeglichen Wahrheitsanspruchs versetzt ihn in die Lage, ein synthetisches Prinzip in eine analytische Logik einzubauen* und die Bedingung zu befriedigen, daß das, was er auf der Basis seiner Logik *behauptet,* nur analytische Wahrheit ist. *Er kann das tun, weil die induktive Schlußfolgerung von ihm nicht behauptet, sondern nur gesetzt wird; was er behauptet, ist, daß die Setzung der Schlußfolgerung ein Mittel zu seinem Zweck ist.*"[186]

---

[183] A. a. O. S. 237.

[184] Z. B. *Russell,* Knowledge. a. a. O. insbes. S. 124; dazu krit. *Reichenbach,* Philosophie, a. a. O. S. 278. N. 1.

[185] *Reichenbach,* wie vor.

[186] *Reichenbach,* a. a. O. S. 279. Hervorhebungen v. Verf.

Carnaps Suche nach einer allgemeinen Regel, „die auf jeden Fall anwendbar ist, gleichgültig ob die möglichen Verluste groß oder klein sind,“[186a] hat über die Regeln 1.—4.[187] zur Regel 5. geführt:

> „Wähle die Handlung, für welche die Schätzung des resultierenden Nutzens ein Maximum ist“[188].

Zu dieser führt er abschließend aus:

> „Es kann angenommen werden, daß unsere jetzige Regel oder eine ähnliche, die sich ebenfalls induktiver Begriffe, wie Wahrscheinlichkeit$_1$, Schätzung usw., bedient, als ‚Lebensweiser‘ adäquat wäre, d. h. als ein Explikat für den vagen Begriff der vernünftigen Entscheidung als Explikandum, *wenn* die folgenden zwei Bedingungen erfüllt sind. (I) Es muß ein quantitatives Gesetz gefunden werden, das entweder den Wert des gesamten Nutzens als Funktion des Vermögens, oder (wie (2)) den Wert der Zunahme des Nutzens als Funktion des Gewinnes und des Anfangsvermögens darstellt. *Dieses Gesetz wird gewisse Parameter enthalten, deren Werte von Person und Zeit abhängen.* Wie schon früher erwähnt, kann man heute annehmen, daß dieses Gesetz nicht die einfache Form des von DANIEL BERNOULLI formulierten Gesetzes haben kann, sondern eine allgemeinere und kompliziertere haben muß. *Dieses Problem ist durch psychologische Untersuchungen zu lösen*“[189].

Inzwischen gibt es bereits Spezialliteratur in Einzelwissenschaften, in der diese pragmatischen[190] Parameter methodologisch[191] oder empirisch[192] untersucht werden.

ad 2)

Diese These setzt eine praktikable Lösung des Problems der Hypothesenwahrscheinlichkeit in der Anwendung auf Einzelfälle voraus.

1. Anlaß zur Aufstellung einer Hypothese im technischen Sprachgebrauch allgemeiner Wissenschaft ist immer einer *Klasse* von Ereignissen mit signifikanten Merkmalsverteilungen[193]. Das bedeutet, daß sich die Hypothese *logisch* zwar auf das Klassenglied *insoweit* bezieht, als es zur Klasse gehört, nicht aber in irgendeinem Sinne ‚*an sich*‘.

Die Zugehörigkeit zur Klasse im Hinblick auf die Geltung der Hypothese für das einzelne Klassenglied ist deshalb bereits ein eigenes Problem, das

---

[186a] *Carnap-Stegmüller,* a. a. O. S. 119.

[187] A. a. O. S. 106—118.

[188] A. a. O. S. 118.

[189] A. a. O. S. 133. Hervorheb. v. Verf. Prinzipielle logische Argumente gegen die Möglichkeit einer induktiven Logik überhaupt z. B. bei *Popper,* insbes. Probability, a. a. O. S. 354—374 u. ö.

[190] Im Sinne der Semiotik.

[191] Z. B. *Luhmann:* „Zwecke sind heute nur eine unter vielen Strategien der Reduktion von Komplexität“; a. a. O. S. 240.

[192] Z. B. *Bohne,* Überzeugungsbildung, a. a. O.

[193] Vgl. z. B. *Strohal,* a. a. O. S. 80; auf nähere Bestimmungen der Signifikanz, die ihrerseits kontrovers ist, kommt es in unserem Zusammenhang nicht an.

gerade in der juristischen Praxis im allgemeinen nicht auf Grund dem Prinzip nach deskriptiver Merkmale durch eine Gewißheit verschaffende Notwendigkeits- oder Unverträglichkeitsrelation gelöst werden kann. Deshalb findet sich in der — Einzelfälle der Rechtsprechung zu unechten Klassen zusammenfassenden — Literatur häufig der Satztypus:

p kann, aber muß nicht q

Beispiel:

> „Eine nur vorübergehende Geneigtheit, bei passender Gelegenheit zu hehlen, kann, aber muß noch kein Hang sein"[194].

Die Verbindung von p und q drückt bei diesem Satztyp mehrere Relationen aus: ‚kann' negiert eine Unverträglichkeitsrelation und behauptet eine *Möglichkeitsrelation*, ‚muß nicht' negiert eine Notwendigkeitsrelation.[195]

Anders ausgedrückt: Entweder ist es unzulässig, signifikante Fallgruppen dieser Art als Klassen und über diese Klassen eine Hypothese aufzustellen, oder die Geltung der Hypothese im Sinne der Anwendbarkeit auf singuläre Klassenglieder ist unzulässig. Beides würde den Bedürfnissen der Rechtspraxis nicht gerecht, so daß die Klassifikation für rechtlich relevante Kontexte als Dezision gedeutet werden muß.[196]

2. Aber selbst, wenn die unter 1. skizzierten Schwierigkeiten für so komplexe Klassen wie „gewohnheitsmäßige Hehler" durch hinreichende Deskriptionen lösbar wären, ohne daß dadurch schließlich jeder konkrete Gegenstand gesondert hinreichend adäquat beschrieben werden müßte[197], bliebe immer noch die Schwierigkeit, einer bestimmten Hypothese eine bestimmte Wahrscheinlichkeit zuzuschreiben.

Den Grund dafür schildert sehr anschaulich z. B. *Strohal*[198]:

> „*Ein Schluß ‚von der Wirkung auf die Ursache'*, von einer Erfahrungstatsache auf die Beschaffenheit des Sachverhaltes, aus dem sie entspringt, *muß immer dann unbefriedigend bleiben, wenn* — wie es allgemein der Fall ist — die *gleiche Erfahrungstatsache aus mehreren verschiedenen Tatbeständen hervorgehen kann.* Nur wenn ich mir über die möglichen Ursachen eines Ereignisses eine vollständige Übersicht machen kann, dann werde ich schließen können: nur beim Vorhandensein von A oder von B oder von C kann der Vorgang V

---

[194] *Jagusch*, in LK, a. a. O. Nr. 3 zu § 260; es folgt der Nachweis von Rechtsprechung.

[195] *Czuber*, a. a. O. S. 3.

[196] Die Verurteilung oder Freisprechung ist in diesen Fällen im Sinne der Wahrscheinlichkeitsrechnung ‚zufällig' (vgl. dazu z. B. *Stempell*, a. a. O. S. 7), d. h. von einem nicht prognostizierbaren konkreten Verhalten konkreter Personen abhängig (vgl. dazu *Fiedler*, Mathematische Sicht, a. a. O. S. 96).

[197] Wodurch jede Unterklasse oder Fallgruppe, die der Beschreibung fähig ist, prinzipiell nur aus einem Glied bestünde, so daß sprachlich für jeden Gegenstand erneut die Verwendung des Namens vereinbart werden müßte.

[198] A. a. O. S. 84 Hervorh. v. Verf.; vgl. auch z. B. *Juhos*, Wahrscheinlichkeit, a. a. O. S. 259 ff.

> zustandekommen; nun habe ich das Auftreten von V festgestellt, also muß A oder B oder C bestanden haben.
> *Sollte es uns also gelingen, für einen bestimmten Vorgang eine vollständige Tafel der Hypothesen aufzustellen, d. h. alle jene Sätze anzuführen, aus denen man das Eintreten des Vorganges deduzieren kann, dann ist der Schluß berechtigt, daß wenigstens eine dieser Voraussetzungen zutrifft.*
> Nehmen wir für den Augenblick an, es sei gelungen, für einen bestimmten Vorgang V eine vollständige Tafel der möglichen Hypthesen aufzustellen: wir können das Eintreten von V aus H_1, H_2 ... H_n und aus keinem anderen Satz erschließen. Jede dieser Hypothesen behauptet einen bestimmten Tatbestand T_1, T_2 ... T_n dergestalt, daß beim Eintreten des Ereignisses V mindestens einer dieser Tatbestände vorhanden sein muß. *Auf Grund dieses Zusammenhanges wird jedem der Tatbestände T eine Wahrscheinlichkeit zuerteilt. Anders gesagt, die Richtigkeit jeder der Hypothesen H erhält dadurch eine Wahrscheinlichkeit. Diese Wahrscheinlichkeiten sind uns freilich zunächst völlig unbekannt und es ist unmöglich sie im einzelnen zu bewerten. Ihre Zugehörigkeit zu demselben Kollektiv und die Art ihrer gegenseitigen Beziehungen* (eine nähere Betrachtung der Verhältnisse glaube ich hier übergehen zu können) *gestatten aber die Feststellung, daß die Summe dieser Wahrscheinlichkeiten gleich 1 sein muß.*"

Abgesehen davon, daß es gute Gründe dafür gibt, die Zuordnung von Wahrscheinlichkeitswerten zu Einzelhypothesen zu bestreiten, und zugleich das Problem besteht, zu erkennen oder zu entscheiden, wann denn die Summe *aller möglichen* Hypothesen erreicht ist, gilt zumindest, daß Praxis auf Grund unbekannter Wahrscheinlichkeiten[199] nicht möglich ist. In Wahrheit handelt es sich um ‚Entscheidungen unter Ungewißheit'[200], und bei diesen „kann es jedoch nicht als allein rational gelten, so zu handeln, als ob eine bestimmte Hypothese wahr sei"[201]. Das entspricht auch der juristischen Erfahrung, die im Zivilprozeß die Entscheidung nach Beweislast und im Strafprozeß die in-dubio-Regel kennt.

4. Vertiefung der Kritik:

Komplexitätsgrad von Sachverhalten und Geltungsumfang von Sätzen

Da die Zuordnung einer quantifizierten Wahrscheinlichkeit zu einer Einzelhypothese nicht möglich ist, verfällt das Modell der Sachverhaltsgewinnung, das die Rechtsprechung insbesondere von RGSt 61, 202 (206) vorübergehend aufgestellt hat. Ersetzt man allerdings die Wendung „ein so hoher Grad von Wahrscheinlichkeit"[202] durch den Ausdruck: ‚die (unbe-

---

[199] Vgl. dazu z. B. *Braithwaite*, a. a. O. S. 3 f.
[200] Vgl. dazu das Schema von *Gäfgen*, a. a. O. S. 237.
[201] *Gäfgen*, a. a. O. S. 331 N. 14.
[202] RG 61, 206.

kannte!) Wahrscheinlichkeit', wie sie „bei möglichst erschöpfender und gewissenhafter Anwendung der vorhandenen Mittel der Erkenntnis entsteht"[203], so würde auf das Problem eines nicht notwendig extensionalen *Bestätigungsgrades* von Hypothesen hingewiesen, wie wir es aus der induktiven Logik[203a] kennen. Eine strikte Anlehnung an die im wesentlichen für die Bedürfnisse von naturwissenschaftlichen Disziplinen entwickelten induktiven Logiken[204] ist allerdings nicht möglich. Das naturwissenschaftliche Modell für die induktiven Logiken setzt voraus, daß mit prinzipiell universalen Gesetzeshypothesen[205] und die Gesetzeshypothese ‚bestätigenden' Experimenten gearbeitet wird. Die Funktion der Hypothese (h) ist dabei, die Ereignisse zu erklären; umgekehrt sollen die Ereignisse, die den Voraussagen der Hypothese entsprechen[206], diese ‚bestätigen'.

Unabhängig von den prinzipiellen wissenschaftstheoretischen Problemen der Verifikation bzw. Falsifikation kann jedenfalls für die juristische Praxis folgendes gesagt werden:

1. Die Sachverhalte erreichen regelmäßig einen Komplexitätsgrad, der in der Mehrzahl der Fälle bereits die Ausformulierung entsprechend präziser Hypothesen überhaupt nicht mehr erlaubt. So weit es möglich ist, wie z. B. beim Ausschluß der Vaterschaft auf Grund etwa der Hypothese der Genetik über die Vererbung der Blutfaktoren M und N, so werden sie als „allgemeine Erfahrungssätze" durch partielle Integration von Wissenschaften leistende Konventionen zu *revisiblen* „Normen des ungeschriebenen Rechts"[207]. Bereits diese revisionsrechtliche Sonderbehandlung[208] zeigt den Ausnahmecharakter. Schon bei forensisch so alltäglichen Vorgängen wie der Beurteilung von Verkehrsunfällen oder der Zurechnungsfähigkeit[209] wird mit ‚in der Praxis bewährtem' Erfahrungswissen, das bei der Sachverhaltsentscheidung vielfach ad-hoc-Charakter hat[210], gearbeitet, wobei oftmals

---

203 RGSt a. a. O.

203a Z. B. *Carnap-Stegmüller,* a. a. O.

204 Gegen die z. B. von *Popper* prinzipielle logische Argumente vorgebracht werden, vgl. insbes. Probability, a. a. O.

205 Gegebenenfalls mit eingeschränktem — definierten oder undefinierten —, prinzipiell aber angebbaren Geltungsbereich, während im Recht insoweit immer die ‚clausula rebus sic stantibus' gilt.

206 Als ‚e' = Abkürzung von: corrobative evidence — bezeichnet.

207 BGH 6, 70 (72).

208 Es muß darauf hingewiesen werden, daß sogar nur einem verhältnismäßig kleinen Teil dieser „allgemeinen Erfahrungssätze" Hypothesen im strikten Sinne der induktiven Logiken zu Grunde liegen.

209 Symptomatisch z. B. die Probleme der Zurechnungsfähigkeit bei Triebstörungen vgl. z. B. BGH 14, 31; GA 57, 409; GA 62, 185; MDR 64, 933; ferner § 51 StGB; §§ 24, 25 E 60/62; §§ 21 f. AE; §§ 20 f. 2. StrRG.

210 Im Ergebnis konvergierend z. B. *Goldschmidt,* der die Deutung des Beweisergebnisses als Prozeßlage innerhalb des Geltungsbereichs von § 261 StPO ausschließt, „da die Aussicht auf die Art seiner rechtlichen Würdigung nicht hinreichend rechtlich gesichert ist." (Prozeßlage. S. 257).

rein praktische Erwägungen die Entscheidung sowohl des Richters wie auch des Sachverständigen beeinflussen können[211].

2. Gegenüber den Naturwissenschaften besteht im Strafrecht als materiellem Justizrecht ein weiterer wesentlicher Unterschied: Die Entscheidungen sind bereits funktional auf Endgültigkeit (Rechtskraft) angelegt[212, 213], so daß die Überprüfung der Hypothese durch Experimente jedenfalls dann ausscheidet, wenn die für die Sachverhaltsentscheidung relevante Hypothese sich nicht in labormäßig testbare Einzelhypothesen zerlegen läßt, deren Interdependenzen gleichfalls entsprechend überprüft werden können. Regelmäßig wird es schon aus zeit- und sprachökonomischen Gründen nicht möglich sein, bei einem komplexen Geschehen auch nur die Einzelhypothesen darzustellen: der freie Fall eines Blattes von einem Baum ist nicht mittels der experimentell getesteten Fallgesetze darstellbar.

Darüber hinaus ist der Verbund von Hypothesen *empirisch* keineswegs sicher. Wir wissen z. B. sehr wenig über die toxikologischen Wirkungen von chemo-therapeutischen Mischpräparaten oder die physiologischen Reaktionen bei der simultanen Einnahme verschiedener Präparate. Die sehr weit entwickelte physiologische Chemie ist in dieser Hinsicht über auf den sogenannten ‚Waschzettel‘ angegebenen meist ungeklärten „Contraindikationen“ nicht wesentlich hinausgelangt.

3. Da *regelmäßig* in der juristischen Praxis[214] weder mit Hypothesen im empiristischen Sinne noch mit Experimenten gearbeitet werden kann, kommt ohnehin eine strikte Anwendung der induktiven Logik nicht in Betracht. ‚e‘ kann in einer juristischen Theorie der Sachverhaltsgewinnung allenfalls eine *rechtlich* zu rechtfertigende ‚Plausibilität‘ einer Global- und (meist) ad-hoc-Hypothese einerseits und[215] ebenfalls nur ‚pausiblen‘ Ausschluß anderer Globalhypothesen bedeuten.

---

[211] So kann z. B. für das Ergebnis, ob ein ‚Psychopath‘ als zurechnungsfähig angesehen wird, ausschlaggebend sein, ob man ihn im Strafvollzug oder in einer Heil- und Pflegeanstalt für besser untergebracht und weniger störend hält. In der Judikatur wie in den Gutachten wird man dies allerdings regelmäßig nicht nachweisen können.

[212] Ausnahmen bilden bis zu einem gewissen Grade Prognoseentscheidungen. Hier genügt der Hinweis, daß die Strafaussetzung zur Bewährung widerrufen werden kann und die Maßregeln nur so lange dauern sollen, wie ihr Zweck es verlangt.

[213] Im Gegensatz etwa zum Handeln des Arztes, dessen Entscheidungen bis zur Grenze des Exitus immer vorläufig, tentativ, experimentell sind. Das hängt damit zusammen, daß der Mediziner ‚eingreift‘ und prinzipiell in der Praxis keine verbale Rechtfertigung braucht, während das Medium des Juristen die Sprache ist.

[214] Die Ausnahmen bedürfen eigener monographischer Bearbeitung; vgl. z. B. *Beitzke*, u. a. a. a. O.; *Grumbrecht*, a. a. O.; zudem wäre es unzulässig, eine allgemeine theoretische Untersuchung von der Peripherie her aufzubauen.

[215] In Anlehnung an das wissenschaftstheoretisch bedeutsame Falsifikationskonzept, wie es insbes. von *Popper* (vgl. vor allem LSD und Conjectures, a. a. O.) entwickelt worden ist.

ad 3 ff.

Ersetzt man die quantifizierte Einzelhypothesenwahrscheinlichkeit durch bloße Plausibilität einer Globalhypothese und den gleichfalls nur plausiblen Ausschluß anderer Globalhypothesen, so stellt sich das Problem, ob eine solche ‚Hypothese', wenn sie entscheidungs*relevant* ist, auch entscheidungs*adäquat* ist. Mit anderen Worten: Reicht Wahrscheinlichkeit im Sinne bloßer Plausibilität zur Verurteilung aus?

Nach der Entscheidungsregel 5 von *Carnap* z. B. wäre dann zu verurteilen, wenn „die Schätzung des resultierenden Nutzens ein Maximum ist"[216]. Die geringe Leistungsfähigkeit einer solchen allgemeinen Entscheidungsregel zeigt sich, sobald man sie auf hochgradig komplexe Sachverhalte[217] anwendet, bei denen keine zwingenden Regeln zur Reduktion von Komplexität aufgestellt sind. Soll bei dem zu schätzenden Nutzen auch der dem möglicherweise zu Unrecht Verurteilten entstehende Schaden berücksichtigt werden? Ist der private mögliche Schaden irrelevant und kommt es nur auf den Nutzen für die Gesamtgesellschaft an? Ist verletztes Gerechtigkeitsgefühl im Einzelfall gesellschaftlich relevant oder nicht? Läßt sich der ‚Sicherungsnutzen' der Strafe[218] konkret angeben? Gibt es eine der z. B. in der Preußischen Criminalordnung von 1805 institutionalisierten Verdachtsstrafe entsprechende gesetzliche Vermutung für den Sicherungsnutzen?

Die Anwendung von *Carnaps* Regel auf Probleme der Sachverhaltsgewinnung und damit selbst eines modifizierten Entscheidungsmodells von RGSt 61, 202 ff. scheint uns zwingend bereits daran zu scheitern, daß mangels gesetzlicher Regelungen die Entscheidung über die Relevanzen und die anschließende Saldierung der Schätzung des Nutzens den Richter stärker überfordern würde, als die rechtliche Lösung des Problems der Adäquanz der Beweise. Das Problem der Sachverhaltsgewinnung ist insofern ein normatives, das nicht mit der Fiktion einer Wahrheitsüberzeugung als fingierte Wahrheit[219] gelöst werden kann.

Wenn der auf RGSt 61, 202 aufbauenden Rechtsprechung verhältnismäßig viel Raum gewidmet wurde, obwohl sie innerhalb der Interpretation von § 261 StPO wohl zunächst als überwunden gelten kann, so liegt dies nicht zuletzt auch daran, daß gerade im Zusammenhang mit einem steigenden ‚Bedürfnis'[220] nach Planungs- und Prognoseentscheidungen auch in strafrechtlichen Kontexten zunehmend mit der Übertragung von in bestimm-

---

[216] *Carnap-Stegmüller,* a. a. O. S. 118.

[217] Vgl. z. B. das ‚banale' Beispiel bei *Bilz:* „Im alltäglichen einfachen Gähnen bereits wirkt sich eine Antinomie aus". (a. a. O. S. 224).

[218] Bereits *Kleinschrod* und *Klein* haben die poena extraordinaria der Preußischen Criminalordnung von 1805 (vgl. §§ 391, 405) als mit § 393 unvereinbare Sicherungsmaßnahmen betrachtet; vgl. dazu *Holtappels,* a. a. O. S. 81.

[219] RGSt 61, 202 ff. (206).

[220] Dieser Ausdruck soll hier lediglich auf einen historischen Sachverhalt hinweisen und nichts über Zwecke aussagen.

ten induktiven Logiken[221] angelegten Entscheidungsmodellen gerechnet werden muß. Eine Anknüpfung an RGSt 61, 202 läge dann nahe.

Innerhalb der Entwicklung der Rechtsprechung läßt sich die Entscheidung[222] historisch anders einordnen. Abgesehen davon, daß sie analoge Entscheidungen durch ihre *scheinbare Einfachheit* ‚provoziert' hat und immer noch ‚provozieren' kann[223], ist sie nicht in dem Sinne objektivierbar, daß von den Entscheidungskontexten abgesehen werden kann.

Die wichtigste Anknüpfung für RGSt 61, 202, die primär die Richtung der Entscheidung bestimmt hat, ist das Verhalten der Strafkammer, die zwar „dringendsten Verdacht" hatte, aber eine unspezifizierte andere „allerdings sehr fern liegende Möglichkeit nicht für absolut ausgeschlossen hielt"[224]. *Historisch* war also zunächst Gegenstand der Entscheidung die Frage, ob ‚abstrakte Möglichkeit eines anderen Sachverhalts' die Überzeugung vom Bestehen eines konkret-plausiblen Sachverhalts ausschließt[225, 226]. Bleibendes Verdienst der Entscheidung ist es, daß sie explizit die Bildung der conclusio minor von *kontextunspezifischen* erkenntnistheoretischen Zweifeln unabhängig gemacht hat[227]. Der Versuch, zugleich die *kontextspezifischen* Zweifel zu trivialisieren und damit die Probleme der *Sachkompetenz* auszuräumen, mußte dagegen scheitern.

5. Probleme der Beweiswürdigung nach der Rechtsprechung

Der Nachweis der Unhaltbarkeit des hypothetischen Entscheidungsmodells von RGSt 61, 202 macht eine weitere Analyse der Rechtsprechung zu § 261 StPO notwendig.

Ein Teil der auf RGSt 61, 202 folgenden Entscheidungen führt zu ausgesprochenen Spezialproblemen[228], während parallel dazu versucht wird, andere Begriffsbildungen zu fördern. Für diese sind zwei Gedankengruppen

---

[221] Wie etwa der von *Carnap-Stegmüller.*

[222] Auf die sich die weitere analoge Judikatur in Strafsachen zurückführen läßt.

[223] Dadurch, daß ein bestimmtes Sprachklischee den privilegierten Sprachbenutzern *vorfindlich* ist; für immer noch der Kritik wert befunden z. B. von *Eb. Schmidt,* Lehrkommentar I, a. a. O. Nr. 373 b. Anm. 78 f.; *Geier* in *Loewe-Rosenberg,* a. a. O. Nr. 3 (S. 1066) zu § 261.

[224] A. a. O. S. 206.

[225] Bezeichnenderweise hat Leitsatz 1 Frageform und Leitsatz 2 eine inhaltsleere allgemeine Überschrift, vgl. a. a. O. S. 202.

[226] Insofern wird die Rechtsprechung von RGSt 61, 202 (206) fortgesetzt von den *im übrigen* kritischen Entscheidungen RGSt 66, 163 ff. und BGH 10, 208 ff.

[227] Vgl. dazu explizit RGSt 66, 163 ff. (165 oben).

[228] Zunächst einige unveröffentlichte Entscheidungen, Nachweise in RGSt 63, 214, dann die heute noch umstrittene Entscheidung im sogenannten „Ziegenhaarfall" desselben Senats zum Problem der Kausalität bei der unechten Unterlassung, RGSt 63, 211 ff.

kennzeichnend, deren Verhältnis zueinander insgesamt als unbestimmt bezeichnet werden muß:

1. Zur ersten gehören alle die Ausdrücke in der Rechtsprechung, die sich um den zentralen Gedanken einer ‚an Sicherheit grenzenden Wahrscheinlichkeit' anordnen lassen[229].
2. Zur zweiten Gruppe gehören alle die Ausdrücke in der Rechtsprechung, die in irgendeiner Weise auf die Subjektivität richterlicher Überzeugung als Entscheidungskriterium hinweisen[229].

Der Spannungsbogen zwischen beiden Gedankengruppen wie auch die Versuche, zu einer Synthese zu gelangen, wird verständlich, wenn man sich klarmacht, daß jede auf Intersubjektivität angelegte Disziplin nach — wie auch immer definierter – Objektivität intendieren muß, andererseits die konkrete Praxis vielfach individuelle Praxis bleibt.

Versucht man das Verhältnis der beiden Gedankengruppen wissenschaftstheoretisch etwas zu erhellen, so können verschiedene Modelle aufgestellt werden, je nachdem, welche Wahrscheinlichkeitsbegriffe zugrundegelegt werden. Dabei können die mit den Wahrscheinlichkeitsbegriffen implizierten wiederum divergenten theoretischen Grundpositionen nur angedeutet werden, da diese sich zunächst nur auf die Behandlung von Problemen der Physik, der physikalischen Chemie und entsprechende physikalische Spezialdisziplinen wie z. B. Biophysik beziehen, so daß eine Übertragung auf Probleme strafrechtlicher Praxis ohnehin nur eine grobe Analogie sein kann. Darüberhinaus führen die Bedürfnisse der Strafrechtspraxis, deren Möglichkeit mit der Aufstellung von Strafrechtssätzen[230] impliziert wird, zwangsläufig zu einer komplexitätsreduzierenden relativen Unverbindlichkeit[231] bei gleichzeitigem Anspruch auf Einzelfall-Gerechtigkeit[232].

Zunächst hat es den Anschein, als ob jede der bekannten Gedankengruppen eine bestimmte Gruppe von Wahrscheinlichkeitsbegriffen implizierte: die „an Sicherheit grenzende Wahrscheinlichkeit" setze einen ‚objektiven' und die „freie richterliche Überzeugungsbildung" einen ‚subjektiven' Wahrscheinlichkeitsbegriff voraus. Dabei handelt es sich in Wahrheit nur um nahe-

---

[229] Da es im folgenden um die Prüfung von Modellen geht, wird auf den Nachweis des Vorkommens der jedem Juristen geläufigen Formel und deren kontextuell verschiedenen Bedeutung verzichtet.

[230] Des sogenannten „materiellen" Strafrechts wie des Prozeßrechts.

[231] Die normativ mit dem prinzipiellen Fehlen einer Urteilsbindung für andere Verfahrensarten ausgedrückt wird.

[232] Deren Deutung bei der Frage nach der Rechtskraft bei Fehlurteilen wiederum kontrovers ist. Vgl. dazu z. B. *Eberh. Schmidt*, Lehrkommentar 1, a. a. O. S. 157 ff.; *Niese*, Prozeßhandlungen, a. a. O. S. 112 f.; *Goldschmidt*, Prozeßlage, a. a. O. S. 498.

[233] Da im folgenden außerrechtliche theoretische Grundannahmen untersucht werden sollen, kommt es in unserem Zusammenhang nicht darauf an, welches Verständnis die Rechtsprechung im einzelnen mit diesen Formeln verbindet.

liegende Assoziationen, die durch die jeweilige Formel suggeriert werden[233, 234].

Entscheidend dafür, ob ein Wahrscheinlichkeitsbegriff objektiv oder subjektiv ist, ist vielmehr, wie die Grundformel des Wahrscheinlichkeitskalküls gedeutet wird.

Die üblicherweise verwendete Formel lautet:

$$p\ (ab) = r$$

oder in Worten: „die (relative) Wahrscheinlichkeit von a, wenn b gegeben ist, beträgt r“[235].

Im folgenden sollen, um nicht durch die „unzählbare Zahl der Induktionstheorien“[236] usw. die Orientierung zu verlieren, kurz die wesentlichsten Unterscheidungsmerkmale zwischen subjektiven und objektiven Wahrscheinlichkeitsbegriffen herausgestellt werden, wie sie *Popper* im Zusammenhang mit Problemen der induktiven Lerntheorie herausgestellt hat[237].

Nach *Popper* deuten die *objektiven Interpretationen*[238] die Wahrscheinlichkeiten als spezifische Eigenschaften (property) bestimmter physikalischer Systeme wie z. B. experimentelle Anordnungen[238a]. Die Hypothese ist dann p (ab) = r, und b gibt die wiederholbaren Bedingungen eines wiederholbaren Experimentes an, für die das Ergebnis früherer Experimente irrelevant ist, weil Wiederholbarkeit Unabhängigkeit von den früheren Experimenten einschließt[239].

Bei subjektiven Interpretationen bedeuten die Wahrscheinlichkeiten „das Maß unserer unvollständigen Kenntnis in Bezug darauf, was in den physikalischen Systemen geschieht.“[240] Bei ihnen ist a die Hypothese und p (ab) das Maß unseres Glaubens an diese, der rational gerechtfertigt wird durch unsere in b enthaltenen Kenntnisse über Ergebnisse vergangener Experimente[241].

Bereits diese elementare Unterscheidung zwischen den zahlreichen Wahrscheinlichkeitstheorien hat für die Rechtspraxis weitgehende Konsequenzen:

1. Eine von der Wahrscheinlichkeitsrechnung ausgehende (strikte) Wahrscheinlichkeitstheorie ist schon deshalb für die Bedürfnisse rechtlicher Praxis in nahezu allen Fällen unbrauchbar, weil die Entscheidungs-

---

[234] Entsprechend weist *Popper* auf die Möglichkeit der Übersetzung einer objektiven Theorie in eine subjektive Sprache hin; vgl. z. B. Probability, a. a. O. S. 356.

[235] *Popper*, a. a. O. S. 354.

[236] *Popper*, a. a. O. S. 359 *N* 1.

[237] Probability. a. a. O.

[238] Zu ihnen zählt er 1. die Häufigkeitsinterpretation, nach der r das Maß der Häufigkeit des Vorkommens von a, wenn b gegeben, angibt; 2. seine eigene „Propensity Interpretation“ (nur unvollkommen übersetzbar etwa als „Neigungs-“ oder „Prädispositionsinterpretation“, vgl. a. a. O. S. 356 nebst N. 1; vgl. ferner insbes. ders. Propensity, a. a. O.; Calculus, a. a. O.

[238a] Probability, a. a. O. S. 356.

[239] A. a. O. S. 357.

[240] A. a. O. S. 356.

[241] A. a. O. z. B. S. 357 f., 361.

gegenstände nur ausnahmsweise einmal als physikalische Systeme, und sei es auch im weitestmöglichen Sinne, aufgefaßt werden können. Zu ähnlichen Ergebnissen kommt gleichfalls die Möglichkeit von Praxis postulierende, allerdings nicht an Rechtsgrundsätze gebundene spezielle Erkenntnistheorie von *Helmer/Rescher*[242] für die gesamten inexakten Wissenschaften, zu denen sie auch die Physik zählen. Die zunächst verlangte objektive Wahrscheinlichkeit wird schließlich dadurch erreicht, daß das Expertentum des subjektive Wahrscheinlichkeit produzierenden Experten quantifiziert wird.

2. Der Wahrscheinlichkeitsbegriff selbst ist deshalb kein vorrechtlicher, sondern ein normativer Rechtsbegriff.
3. Wie weit dieser in Anlehnung an objektivistische oder subjektivistische vorrechtliche Wahrscheinlichkeitsbegriffe entwickelt werden kann, ist sowohl von empirischen wie normativen konstellativen Momenten abhängig. Der Rechtsbegriff ‚Wahrscheinlichkeit' ist deshalb ein konkretisierungsbedürftiger relativer und als solcher relativ unbestimmter Rechtsbegriff.
4. Erst die Deutung der Wahrscheinlichkeit als relativ unbestimmter normativer Rechtsbegriff ermöglicht eine relativ-erträglich rational kontrollierte Lösung der Probleme rechtlicher Praxis.
5. Die Besonderheit des Rechtsbegriffs ‚Wahrscheinlichkeit' besteht darin, daß die Entscheidung über ihn in den Konkretisierungsstufen zwar nomothetisch ist, aber zugleich aus normativen Gründen Übereinstimmung mit der Wirklichkeit postuliert werden muß, die regelmäßig nicht bewiesen werden kann. Ein Beweisrecht kann insofern nicht dazu dienen, etwas in einem strikten Sinne zu beweisen[243], sondern lediglich Regeln aufzustellen versuchen, wann etwas als erwiesen gelten soll[244].
6. Streng genommen entfällt damit die Unterscheidung zwischen *„Sachkompetenz"* und *„Sprachkompetenz"*, doch behält sie ihren *heuristischen* Wert.

Bei diesen Zwischenergebnissen lassen sich kontextunspezifisch nur noch Aussagen über Kontrollen gegenüber den für die Beweiswürdigung zuständigen und damit rechtlich privilegierten Sprachbenutzern machen.

---

[242] A. a. O. Beide haben als Angehörige der RAND-Corporation großen Einfluß auf die Praxis der Regierung der USA.

[243] Dies bringen alle oben aufgeführten Formeln zum Ausdruck; insofern besonders klar RGSt 61, 202 ff.

[244] Vgl. z. B. *Juhos*, Prädikate a. a. O. S. 164: daß „in den Wissenschaften ganz allgemein Verfahren in Gebrauch stehen, die auf rein fiktiven prinzipiell unkontrollierbaren Annahmen beruhen. Dabei geschieht dies aus reinen Zweckmäßigkeitsgründen, und es zeigt sich, daß man ... überhaupt nicht ohne solche Methoden auskommt." Für die Strafrechtspraxis kommt es darauf an, die „Zweckmäßigkeitsgründe" unter Berücksichtigung auch spezifisch strafrechtlicher Relevanzen zu kontrollieren.

§ 7
RECHTLICHE KONTROLLEN

Im Hinblick auf Kontrollen bezogen auf die Entscheidung über den Sachverhalt im Strafprozeß bedeutet Beweissystem mehr als die Gesamtheit der in der Strafprozeßordnung enthaltenen Beweisrechtsregeln. Gerade im Umfeld der freien richterlichen Beweiswürdigung (§ 261 StPO)[245], sind wichtigste rechtliche Garantien gerade außerhalb des Beweisrechtes geregelt. Beweiserhebungs- wie -verwertungsverstöße interessieren in unserem Zusammenhange nicht, weil sie sich zwar auf das Beweisergebnis auswirken können, aber lediglich dafür relevant sind, worauf sich die Beweiswürdigung erstrecken soll. Sie regeln, was Gegenstand der Hauptverhandlung zu sein hat, auf dessen Inbegriff sich die Beweiswürdigung bezieht (§ 261 StPO).

1. Kontrollen innerhalb des Beweissystems
a) Kontrollen kraft Zuständigkeit in Tatsacheninstanzen

1. Die Berufung (§§ 312 f. StPO) *als solche* hat insofern keine Kontrollfunktion, als sich die methodologischen Probleme der Beweiswürdigung lediglich wiederholen. Zumindest sollte es so sein, trotz des Vortrages über die Ergebnisse des bisherigen Verfahrens und der Verlesung der Urteilsgründe (§ 324 StPO)[246], die andere prozessuale Funktionen[247] haben[248].

Praktisch besteht allerdings die Möglichkeit, innerhalb des Beweisverfahrens durch eine Berufungsbegründung (§ 317 StPO), Beschränkung der Berufung (§§ 318, 327 StPO) und Stellen weiterer Beweisanträge die neuerliche Hauptverhandlung auf bestimmte Beweisgegenstände zu konzentrieren. An den Problemen der Beweis*würdigung* ändert dies aber nichts, insbesondere läßt sich auch keine Vermutung darüber aufstellen, daß die Beweiswürdigung des Berufungsgerichts der Wahrheit näherkommen wird.

2. In der pragmatischen Dimension[249] läßt sich dagegen ein möglicherweise relevanter Unterschied zwischen der Beweiswürdigung und der ersten und der zweiten Tatsacheninstanz nachweisen. Die Berufung ist zulässig gegen Urteile des Einzelrichters und des Schöffengerichtes (§§ 24, 25 GVG; §§ 39, 40 JGG). Sie richtet sich an die Kleine bzw. Große Strafkammer (§§ 74 II, 76 II GVG). Da über das Ergebnis der Beweisaufnahme

---

[245] Innerhalb dessen z. B. *Goldschmidt* das Beweisergebnis „von Haus aus nicht als eine *Rechts*lage" ansieht, „da die Aussicht auf die Art seiner richterlichen Würdigung nicht hinreichend rechtlich gesichert ist", Prozeßlage, a. a. O. S. 257.

[246] *Eberh. Schmidt*, Lehrkommentar II, a. a. O. Randnr. 2 spricht von noch durch § 325 vergrößerten Unklarheiten.

[247] Insbes. der Klärung, was Gegenstand der Hauptverhandlung zu sein hat; vgl. z. B. *Eberh. Schmidt*, a. a. O. Randnr. 3—4 mit zahlreichen Nachweisen.

[248] Vgl. die Nachweise bei *Eberh. Schmidt*, Lehrkommentar II, Randnr. 3—4.

[249] Im Sinne der Semiotik.

1. gegen Urteile des Einzelrichters ein Kollektiv,
2. gegen Urteile des Schöffen- und Jugendschöffengerichts ein quantitativ und qualitativ anders zusammengesetzes Kollektiv

entscheidet, mag die Entscheidung über den Sachverhalt stärker von individuellen Einstellungen entlastet sein. Ob allerdings durch das „Zusammenraufen" der Richter „während der Beratung ... sich die Wahrheit allmählich herausschält[250]", oder doch nur eine prozessuale Wahrheit, ist gänzlich ungewiß. Selbst eine aus naheliegenden Gründen fehlende empirische wissenschaftliche Arbeit über die Wahrheitsfindung im Kollegialgericht könnte über die Übereinstimmung der ‚gefundenen Wahrheit' mit der Wirklichkeit keine Aussagen machen[251]. Es ist plausibel anzunehmen, daß in Kollegialgerichten bestimmte Fehler seltener vorkommen, doch mögen an deren Stelle andere treten. Die weniger unbekannte Dynamik ausgesprochener Kompromißverhandlungen[252] kann jedenfalls nicht ohne weiteres herangezogen werden.

Etwa vorhandene Garantien des Berufungsverfahrens hinsichtlich der Beweiswürdigung lassen sich jedenfalls nicht weiter präzisieren.

b) Kontrollen kraft Zuständigkeit in der Revisionsinstanz

Die Einbeziehung der Revision in die Untersuchung ist scheinbar abwegig angesichts der traditionellen Trennung von Tat- und Rechtsfrage. Die Revisions*praxis* kennt diese Unterscheidung aber nur als Leitlinie und läßt in zunehmendem Umfang die Revision hinsichtlich spezieller Probleme der Entscheidung über den Sachverhalt zu. Dies ist immer dann der Fall, wenn sich bestimmte allgemeine Sätze zu rechtlichen Konventionen entwickelt haben, über deren Fortgeltung ausschließlich[253] der Bundesgerichtshof entscheidet.

Solche Konventionen werden klassifiziert als

a) „allgemeine Denkgesetze"[254];
b) „allgemeine Erfahrungssätze"[255];

---

[250] Wie es *Kleinknecht*, Fehlurteil, a. a. O. S. 49 annimmt. Die Berufung auf *Altavilla* ebenda in Note 24 ist nicht ganz korrekt: *Altavilla*, a. a. O. S. 439, ist viel zurückhaltender und meint lediglich, daß Kollegialgerichte durch die Beratung weniger leicht „Opfer einer Antipathie" werden und mehr „Möglichkeiten, einen Irrtum zu berichtigen" haben.

[251] Zum neuesten Stand der Forschung zur Pragmatik des Richters: *Weimar*, a. a. O. mit ausführlicher Bibliographie.

[252] Z. B. Tarifverhandlungen, Verhandlungen in der EWG usw.

[253] §§ 121 II, 136 I GVG.

[254] Nach BGH 6, 70 (72) = LM Nr. 17 zu § 261 (mit Anm. *Kohlhaas*): „Normen des ungeschriebenen Rechtes", dagegen z. B. *Sarstedt*, a. a. O. S. 213; *Eberh. Schmidt*, Lehrkommentar II a. a. O. Randnr. 20 zu § 337 mit weit. Nachw. Für die Rechtsprechung vgl. weiter z. B. RGSt 45, 403 ff.; 61, 151 ff.; DR 42, 170 f.; OGH St 1, 67 ff.; BGH NJW 51, 558 f.; BGHSt 5, 34 ff.; BGHZ 12, 22 ff.; BGHSt 6, 70 ff.; OLG Braunschweig NJW 55, 1201 f.; BGHSt 10, 265 ff.; BGH LM Nr. 24 zu § 261 StPO; BGHSt NJW 56, 1716; BGH NJW 1958, 1786 f.; OLG Hamm NJW 60, 2258 ff.; OLG Celle NJW 60, 2258 ff.

zusätzlich gehören in unseren Zusammenhang noch

c) „offenkundige Tatsachen"[256],

die keine Konventionalisierung im engeren Sinne verlangen.

Solche Aussagen gelten dem Prinzip nach kontext-unspezifisch. Die Feststellung der für ihre Anwendung notwendigen Tatsachen bleibt dem Tatrichter überlassen, während das Revisionsgericht selbständig über die kontextuelle Relevanz dieser Sätze entscheidet. Über die Bildung konventionaler Sätze, die von der Rechtsprechung als „Normen des ungeschriebenen Rechtes" bezeichnet werden, wird also partiell die Beweiswürdigung der Revision unterworfen.

Insbesondere die Bildung „allgemeiner Erfahrungssätze"[257] ist für die theoretischen Probleme einer über Tatsachen entscheidenden Praxis von größter Bedeutung.

1. Ein materielles Beweisrecht ist im Hinblick auf Rechtssicherheit[258] unbefriedigend.

2. Ein formelles Beweisrecht ist im Hinblick auf materielle Wahrheit unzulänglich.

3. Kein idealtypisches Beweisrecht kann Übereinstimmung des prozessual einwandfrei Festgestellten mit der Wirklichkeit beanspruchen. Die Feststellungen gelten notwendig nur rechtens, nicht ontologisch.

4. In dieser Situation wäre es unbefriedigend, die Entscheidung über die Verwertung außerrechtlicher wissenschaftlicher Erfahrungen ausschließlich dem Belieben des Tatsachengerichtes zu überlassen, obwohl es sich um keine echten All-Aussagen handelt. Die positivistische Deutung der All-Aussagen als bloße Konjunktionen von Einzelaussagen auf Grund endlich vieler Erfahrungen ist wissenschaftstheoretisch zwar korrekt, führte aber als strikte „Haltung" zur Ablehnung von Praxis.

Umgekehrt werden die entscheidenden erkenntnistheoretischen Probleme durch die Behauptungen des dialektischen Materialismus über das Verhältnis von Theorie und Praxis schlicht geleugnet. So heißt es z. B. bei *Klaus/Buhr*[259] (Stichwort „All-Aussage") nach wissenschaftlich korrekter Wiedergabe der Probleme: „Der Behauptung des Positivismus widerspricht die ganze Praxis

---

[255] Nach der Rechtsprechung gleichfalls „Normen des ungeschriebenen Rechts" vgl. z. B. BGH 6, 70 (72); 10, 208 (211) m. weit. Nachw.; dagegen z. B. *Sarstedt* a. a. O. S. 227; *Eberh. Schmidt,* Lehrkommentar II, a. a. O. Randnr. 20 zu § 337 m. weiteren Nachweisen.

[256] Zu deren Begriff nicht die Wahrheit gehört, vgl. dazu ausführl. *Sarstedt,* a. a. O. S. 234 f. mit eindrucksvoll. Beisp.

[257] Bei denen *Goldschmidt* dann, „wenn ... eine bestimmte Würdigung des Beweisergebnisses überwiegend wahrscheinlich ist, ... eine prozessuale Rechtslage" annimmt; Prozeßlage, a. a. O. S. 257.

[258] Die in keinem bestimmten Verhältnis zur materiellen Wahrheit steht, sondern lediglich relative Berechenbarkeit bedeutet.

[259] A. a. O.

der Wissenschaft und der Menschheit.“ Damit wird einfach fingiert, daß die Anwendung von Wissenschaft zu sicheren Ergebnissen führt, während in Wahrheit die Notwendigkeit von Praxis die Anwendung von Wissenschaft notwendig macht, obwohl dies keinerlei Sicherheit bietet.

5. Um von einer metaphysischen[260] zu rationaler Praxis zu gelangen, ist es unvermeidbar, die Praxis an die Erfahrung zu binden.

6. Diese Beziehung auf Erfahrung *herzustellen*, ist im Regelfall Sache des Tatsachengerichts; rechtlich formuliert: fällt unter dessen Sachkompetenz.

7. Mangels vorrechtlicher Objektivierbarkeit, so weit Praxis in Frage steht, ist zu allgemeiner, den *rechtskräftig* entschiedenen Einzelfall übersteigender rechtlicher Geltung ein eigener Rechtsakt notwendig; die Bildung einer Konvention, die vom Bundesgerichtshof als „Satz des ungeschriebenen Rechts“[261] gedeutet wird.

8. Historisch bedeutet die Bildung solcher Konventionen eine fortschreitende[262] punktuelle Durchsetzung des materiellen, hinsichtlich der Beweiswürdigung freien Beweisrechts mit Beweiswürdigungsregeln. Diese sind zwar rational, aber nicht vorrechtlich objektiv und erlauben partielle Erhöhung der Rechtssicherheit ohne prinzipielle Preisgabe des *Grundsatzes* (Postulates) der Materialität der Beweise.

9. Die Bildung solcher Konventionen kommt nur dann in Frage, wenn die entsprechenden Ergebnisse empirischer Wissenschaft in einem für die Bedürfnisse der Praxis nicht genauer definierbaren Sinne ‚wahrheitsähnlich‘[263] sind.

Die *rechtlichen* Adäquanzen für die Behandlung von empirischen Forschungsergebnissen in der juristischen Praxis als „wahrheitsähnlich“ sind ihrerseits nicht rechtlich definiert. Empirisch lassen sie sich zurückführen auf das konkrete Verhalten historischer Personen, sind also pragmatischer Natur. In der Rechtsprechung erscheinen dementsprechend Wendungen wie: „für jeden verständigen Beurteiler als sicher erscheinen läßt[264]“. Da *faktische*

---

[260] Auf die gerade formelle Beweisrechte mit notwendigerweise absoluten Beweismitteln angewiesen waren; vgl. im einzelnen *Reinh. v. Hippel*, Zeugeneid, a. a. O. mit Nachweisen.

[261] BGH 6, 70 (72).

[262] Aufschlußreich die Begründung des BGH bei der Aufstellung des wohl jüngsten „allgemeinen Erfahrungssatzes“ (DAR 70, 79 ff.) bei früheren ablehnenden Entscheidungen (Nachweise a. a. O. S. 80). Von einer korrigierenden Entscheidung in rechtspolitischem Sinne zu reden, wäre verfehlt. Bemerkenswert ist die explizite Ausnahme und das Offenlassen für eine weitere Fallgruppe. Die Entscheidung zeigt besonders eindringlich die historische Relativität der Integration von Wissenschaften.

[263] Der Ausdruck ‚wahrheitsähnlich‘ wird in der modernen Wissenschaftstheorie insbesondere von *Popper* sogar durchaus in einem technisch-conzisen Sinne verwendet (vgl. insbes. Conjectures, a. a. O. S. 219, 228, 232 ff., 246 f., 291 ff., 397) und *nicht als wahrscheinlich* gedeutet (vgl. a. a. O. S. 98 N, 219, 236 f., 399 ff.)

[264] BGHZ 7, 116.

Übereinstimmung der (wechselnden) privilegierten Sprachbenutzer zumindest nicht endgültig, sondern allenfalls zu einem bestimmten Zeitpunkt als Konjunktion endlich vieler Meinungen beweisbar ist, wird als Adäquanzkriterium von den Revisionsgerichten die Intersubjektivität der Evidenz mit solchen Formulierungen postuliert.

10. Folgt man in der Qualifizierung der ‚allgemeinen Erfahrungssätze' als ‚Normen des ungeschriebenen Rechts' dem Bundesgerichtshof[265], so drücken diese keine Wahrscheinlichkeiten aus[266], sondern Präsumptionen. Diese können nur *prinzipiell* widerlegt werden[267].

2. Kontrollen außerhalb des Beweissystems

Da die Strafrechtspraxis trotz nicht zwingend lösbarer erkenntnistheoretischer Schwierigkeiten[268] unter Entscheidungszwang steht, mußte an Stelle der Gewißheit als Übereinstimmung der Tatsachenfeststellungen mit der Wirklichkeit der Begriff der Wahrscheinlichkeit eingeführt werden. Dabei mußte wiederum aus wissenschaftstheoretischen Schwierigkeiten der Begriff der Wahrscheinlichkeit als relativ unbestimmter Rechtsbegriff gedeutet werden. Damit ist zweierlei impliziert:

1. ein Entscheidungsspielraum, der weder syntaktisch noch semantisch, sondern nur pragmatisch ausgefüllt werden kann[269];
2. die Notwendigkeit rechtlicher Kriterien, wie weit die *Entscheidung* über den Sachverhalt rechtens sein soll.

Da das Beweissystem diese Lücken durch das Postulat der Möglichkeit von Praxis selber hervorbringt, können Kontrollen gerade außerhalb des Beweissystems zu finden sein. Prinzipiell ist dies bereits durch die integrative Funktion der Aufstellung allgemeiner Sätze durch die Revisionsgerichte nachgewiesen worden. Im folgenden sollen weitere Kontrollfunktionen ohne Anspruch auf Vollständigkeit[270] zur Demonstration der Konsequenzen des Problems für das Prozeßsystem insgesamt nachgewiesen werden.

---

[265] Insbesondere BGH 6, 70 (72).

[266] Entsprechend grenzt *Popper* in wissenschaftstheoretischem Kontext die ‚Wahrheitsähnlichkeit' gegen Wahrscheinlichkeit ab, vgl. die Nachweise in Anm. 263.

[267] Vgl. §§ 121 II, 136 I GVG.

[268] Insoweit können wir hinter die Entscheidung RGSt 61, 202 nicht zurück.

[269] Vgl. dazu z. B. *Fiedler*, Mathematische Sicht, a. a. O. S. 96: „Die Verurteilung oder Freisprechung ist in diesen Fällen im Sinne der Wahrscheinlichkeitsrechnung ‚zufällig' . . ., d. h. von einem nicht prognostizierbaren konkreten Verhalten konkreter Personen abhängig."; *Peters*, Strafprozeßlehre, a. a. O. S. 891: „Ein großer Teil der Strafprozesse könnte ebenso gut anders entschieden werden, als es tatsächlich der Fall ist. Wo Freispruch erfolgt, könnte verurteilt werden und wo verurteilt wird, könnte freigesprochen werden."; *Rehbein*, a. a. O. S. 76 m. Nachw., der sowohl das hypothetische wie das konventionale Moment der „Richtigkeit" des „Erkenntnisses" herausstellt; *Vetter*, a. a. O.

[270] So wird z. B. auf eine Darstellung der Abstimmungsverhältnisse in Kollegialgerichten wegen der *Unbestreitbarkeit* der Relevanz für unser Problem verzichtet.

a) Pragmatische Kontrollen

Die Möglichkeit von Praxis trotz prinzipieller wissenschaftstheoretischer Schwierigkeiten beruht auf dem Prinzip der Zuständigkeit, das sich in dem Schlagwort zusammenfassen läßt: habeam iudices. Deshalb sind Kontrollfunktionen bei allen Regelungen zu vermuten, die Aussagen über die iudices enthalten.

Der gesetzliche Richter

Der Grundsatz des gesetzlichen Richters nebst seiner konkreten Ausgestaltung durch die Verfassung und das GVG so wie die Stellung des Richters nach der Verfassung und dem Richtergesetz stellen keine bestimmte Beziehung zwischen der Tatsachenfeststellung konkreter Richterpersönlichkeiten und einer zu postulierenden ‚objektiven Wahrheit' her. Sie enthalten aber eine den pragmatischen Entscheidungsspielraum der Willkür durch Auswahl des Richters ausschließende negative Kontrollfunktion als Konkretisierung des Grundsatzes: habeam iudices zu: habeat iudex[271].

Ausschließung und Ablehnung von Gerichtspersonen

Das Gleiche gilt für die Ausschließung und Ablehnung von Gerichtspersonen im Strafverfahren (§§ 22 ff. StPO). Auch hier läßt sich kein bestimmtes Verhältnis zwischen der Entscheidungsfunktion konkreter Richter in konkreten Verfahren, bei denen Ausschließungs- oder Ablehnungsgründe vorliegen, zu der postulierten ‚objektiven Wahrheit' nachweisen. So mag z. B. gerade ein ‚befangener' Richter sich in besonderem Maße gegen Vorurteile auf Grund der Umstände, die seine Befangenheit begründen, absichern. Die generalisierenden Regelungen schließen gerade wegen der Unbestimmtheit der Beziehung von der generellen Erfahrung abhängige und deshalb subjektive[272] Wahrscheinlichkeiten aus und stellen dadurch lediglich eine pragmatische Chancengleichheit als Zufälligkeit her. Dabei ist die Zufälligkeit faktisch und die Chancengleichheit als Garantie rechtlich zu verstehen.

Die Zurückweisung an ein anderes Gericht

Dem gleichen Problemkreis zuzuordnen ist die Änderung von § 354 II StPO durch das Gesetz zur Änderung der Strafprozeßordnung und des Gerichtsverfassungsgesetzes vom 19. 12. 1964 (BGBl. I, 1067 [1078]). Hier geht es um die Korrektur einer bestimmten rechtlich normierten pragmatischen Zufallsauswahl durch Einführen einer neuen[273]. Diese Änderung ist

---

[271] Vgl. zum Spezialproblem der Überbesetzung von Strafkammern z. B. BVerfG. NJW 62, 1495 ff.; BGH NJW 68, 2388; OLG Karlsruhe NJW 68, 2389 f.

[272] Vgl. dazu z. B. *Popper*, Probability, a. a. O. S. 354 ff.

[273] Vgl. z. B. *Kleinknecht*, StPÄG a. a. O. S. 153 ff. (157, 161); trotz offener Detailfragen ist die ratio der Änderung eindeutig.

um so bemerkenswerter, als noch 1963 ein Senatspräsident des Bundesgerichtshofes in einem Großkommentar — wohl auf Grund impliziter Gleichsetzung von postulierter und wirklicher ‚objektiver Wahrheit' — folgendermaßen argumentiert hat:

> „Neuerliche Bestrebungen (...), den Gesetzgeber zu Vorkehrungen zu veranlassen, welche die bisherigen Richter an künftiger Mitwirkung stets rechtlich hindern, verdienen keinen Erfolg. Abs. 2 verstößt nicht gegen das Grundgesetz. Sie laufen auf amtliche Mißtrauensbekundung gegen amtierende Richter hinaus, zu der kein sachlicher Grund besteht."[274]

Gegenüber der Ermessensentscheidung der alten Fassung von § 354 II Satz 2 bietet § 354 II StPO der geltenden Fassung eine echte Rechtsgarantie, allerdings ohne Implikation einer bestimmten *inhaltlichen* Rechtslage.

b) Kontrollen gegenüber dem Prinzip der Rechtskraft

Da ein die Möglichkeit von Praxis einschließendes Strafrecht die ‚objektive Wahrheit' in der Entscheidung über den Sachverhalt nur postulieren kann, kann die Geltung der Entscheidung nur eine rechtliche sein, deren ‚Richtigkeit' im Sinne des Wahrheitspostulates präsumiert wird. Der Regreß der ‚Wahrheitsfindung' wäre *infinit* und damit inpraktikabel. Der Regreß der Entscheidung über den Sachverhalt ist *finit* und endet mit der Rechtskraft spätestens nach Erschöpfung des Rechtsweges. Erst dadurch wird Praxis möglich, zugleich aber auch das Problem *erschütterter* Präsumptionen der ‚Richtigkeit' der Entscheidung über den Sachverhalt. Dabei wiederholen sich die Probleme insofern, als die Präsumption jeweils nur durch abweichende *verifizierte* Tatsachenfeststellungen zwingend widerlegt wäre. Andererseits können rechtlich unspezifizierte Zweifel an der Übereinstimmung der Tatsachenfeststellungen mit der Wirklichkeit nicht zur Preisgabe des Prinzips der Rechtskraft und des Postulates der ‚objektiven Wahrheit' der Entscheidung über den Sachverhalt führen, weil damit die auf diesem Wege gefundene Möglichkeit der Praxis ausgeschlossen würde. Wann die Präsumption der ‚Richtigkeit' so stark erschüttert ist, daß rechtens an ihr nicht mehr festgehalten werden kann, ohne das die Praxis ermöglichende Strafrechtssystem von Grund auf in Frage zu stellen, kann wiederum nicht verifiziert werden. Das Problem ist deshalb nur durch spezielle normative Wahrscheinlichkeitsbegriffe lösbar, die im geltenden Recht in den §§ 359 ff. StPO als relativ unbestimmte[275] Rechtsbegriffe eingeführt sind. Dem Prinzip der Rechtskraft entspricht als ultimates Korrektiv des auf Wahrscheinlichkeiten als Rechtsbegriffen beruhenden Beweissystems das Wiederaufnahmeverfahren. Ob dessen gesetzliche Ausgestaltung optimal ist, interessiert in

---

[274] *Jagusch* in *Löwe-Rosenberg*, a. a. O. Anm. 12 zu § 354.

[275] D. h. auslegungsfähige. Die rechtstheoretische Unterscheidung zwischen bestimmten u. relativ-unbestimmten Rechtsbegriffen ist unabhängig v. d. dogmatischen zwischen bestimmten u. unbestimmten Rechtsbegriffen.

unserem Zusammenhang insofern nicht, als wiederum beim konkreten Wiederaufnahmeverfahren die Beziehung zwischen den neuen Tatsachenfeststellungen zur postulierten ‚objektiven Wahrheit' ebenso unbekannt ist, wie bei den früheren. Die Ausgestaltung der rechtlichen Garantien des Wiederaufnahmeverfahrens als Neuerstellung rechtlicher Wahrscheinlichkeiten (Tatsachenfeststellungen) auf Grund rechtlicher Wahrscheinlichkeitsbegriffe (Wiederaufnahmegründe) ist systemkonsequent.

III. SIGNIFIKANTE PROBLEMGRUPPEN DER STRAFRECHTSPRAXIS

Vorbemerkung

Die bisherigen Untersuchungen haben die konventionellen Vorstellungen von Sicherheit im Strafrecht, die insbesondere in den Ausdrücken der „Wahrheits*findung*" einerseits und der „Subsumption unter das Gesetz" andererseits enthalten sind, von Grund auf in Frage gestellt. Damit Praxis möglich ist, kann auf Dezisionen sowohl über den Sachverhalt wie über das Recht in seiner Konkretisierung nicht verzichtet werden. Anstelle der auf Forderungen der Aufklärung zurückgehenden Garantien, die historisch mit den Grundlagen des modernen Strafprozesses[276] weitgehend zusammenfallen, sind neue eingeführt worden. Dies wurde notwendig, weil die außerordentlich weit differenzierte allgemeine Wissenschaftstheorie zumindest heute noch nicht in der Lage ist, Praxis — zumal bei hochgradig komplexen Gegenständen – ohne Verwendung synthetischer Sätze oder Preisgabe des Wahrheitsanspruches zu ermöglichen. Insbesondere führen die induktiven Logiken zu Wahrscheinlichkeitsbegriffen, die entweder nur statistisch und damit nicht auf Einzelfälle anwendbar oder nur als ‚Lebensweiser'[276a] verwertbar sind, die nicht ohne weiteres rechtlich zulässig übernommen werden können. Der Wahrscheinlichkeitsbegriff selbst mußte deshalb als *Rechtsbegriff* gedeutet werden, der relativ unbestimmt, also konkretisierungsbedürftig ist. Die letzte Konkretisierung findet er, wie andere Rechtsbegriffe auch, regelmäßig erst im Einzelfallentscheid, der „für Recht erkannt" und damit vom Gericht „promulgiert"[277] wird. Gegenstand der weiteren Untersuchung können deshalb nur Konkretisierungen einer mittleren Stufe sein, die gleichfalls relativ unbestimmt sind, aber dennoch erlauben, idealtypische Differenzierungen der Probleme in der Praxis herauszustellen. Die Leitfrage ist dabei: Wie ist Praxis trotz der theoretischen Schwierigkeiten in relativ bestimmten Kontexten möglich? Die Beispielgruppen sind dabei so zu wählen, daß von allgemeinen Problemgruppen zu spezielleren fortgeschritten wird. Als Reihenfolge bietet sich an:

1. Die Entscheidung über Erfolg und Kausalität bei Verletzungsdelikten als Grundmodell des Problems;
2. die Gefahrurteile bei Gefährdungsdelikten;
3. Prognoseentscheidungen.

---

[276] Als Idealtypus.

[276a] *Popper,* z. B. Probability, a. a. O. S. 361: „guide for life".

[277] Vgl. zur Bedeutung der Urteilsverkündung z. B. RGSt 71, 379; 47, 323.

§ 8
VERLETZUNGSDELIKTE

1. Der Erfolg

Bei Verletzungsdelikten ist der Erfolg einigermaßen unproblematisch zu bestimmen, obwohl auch hier in zahlreichen Einzelfällen „diagnostische" Schwierigkeiten entstehen können, die durch Konventionsbildung[278] oder Entscheidung im Einzelfall gelöst werden[279]. Es sei deshalb auf zwei Phänomene hingewiesen, die hier nur kurz als Hintergrundsprobleme unseres Themas angemerkt werden können:

a) Besondere Schwierigkeiten bereiten die Begriffe, die vorrechtlich anscheinend so stark ausgeformt sind, daß Zweifel darüber bestehen, ob es sich um *Rechts*begriffe handelt, oder ob ein vorrechtlicher Begriff rechtlich verbindlich ist[280]. Praktisch problematisch werden solche Begriffe allerdings erst dann, wenn rechtlich plausible[281, 282] vorrechtliche Begriffe vorgefunden werden, die zugleich vorrechtlich umstritten[283] sind.

---

[278] Typisch z. B. die Entstehung immer neuer Konventionen bei Begriffen wie „Tod" (Organtransplantationen) oder „Krankheit" („postulierte Psychosen", „Psychopathie" usw.).

[279] Vgl. z. B. RG GA 58, 184 f. (Anspucken als Mißhandlung im Sinne der §§ 223, 230); RGSt 77, 17 ff. (nicht medizinisch indiziertes Verschreiben von Arzneien mit Betäubungsmittelkomponente als ‚Gesundheitsschädigung' im Sinne der §§ 223, 230.

[280] Dies ist z. B. das Kernproblem des Streites um den Krankheitsbegriff bei der Frage nach der Zurechnungsfähigkeit, den darzustellen eine eigene Monographie erforderte.

[281] Die ‚rechtliche Plausibilität' ist dabei in zweifacher Hinsicht variabel: durch a) das Präsentieren neuer Sachverhalte (z. B. Löschen von Tonbändern und § 303 StGB; vgl. dazu die Nachweise bei *Schönke-Schröder*, a. a. O. Randnr. 8 zu § 303); b) die pragmatische Komponente bei den durch Zuständigkeit ‚privilegierten Sprachbenutzern' (vgl. z. B. die Nachweise zum Zerfall des vorrechtlichen Begriffs der Beeinträchtigung der *stofflichen* Unversehrtheit als rechtlicher Grundbegriff der Sachbeschädigung in der Rechtsprechung bei BGHSt 13, 207 ff.).

[282] Unter ‚rechtlicher Plausibilität' wird — etwa analog zur Wahrheitsähnlichkeit — Evidenzähnlichkeit, ‚Glaube' mit letzten Zweifeln (vgl. die Ausführungen zu RGSt 61, 202 im Zusammenhang mit § 261 StPO), ‚Überzeugung' mit Einsicht in deren problematische Bedingtheiten verstanden. Diese Verschiebung gegenüber dem ‚uneingeschränkten' Evidenzbegriff folgt notwendig aus dem Postulat strafrechtlicher *Praxis*. Der Rekurs auf den Evidenzbegriff wiederum ist dadurch gerechtfertigt, daß selbst „die Kalkülisierung von Denkvorgängen die Voraussetzung von inhaltlicher Einsicht keineswegs überflüssig macht. An derartige Einsicht kann nur mehr geglaubt oder nicht geglaubt werden. Hört dieser Glaube auf, so auch Wissenschaft, selbst die total formalisierte. ... Selbst ein Wissenschaftsbetrieb mit minimalsten inhaltlichen Voraussetzungen und präzisesten Regeln, wie dies z. B. bei der vollständigen Formalisierung einer Theorie der Fall ist, (kommt) ohne derartige Evidenzannahmen nicht aus" (*Stegmüller*, Evidenzbegriff, a. a. O. S. 295).

[283] Z. B. der „Krankheitsbegriff", der einerseits selbst innerhalb der vorrechtlichen

b) Traditionsreiche Konventionen können sowohl ‚schleichend'[284] wie auch ‚über Nacht'[285] erneut problematisch werden.

Diese Befunde sind insofern nichts Besonderes, als auch in vorrechtlichen Disziplinen ‚Erfolge' auf Grund von Konventionen oder anzugebenden Bewertungsmaßstäben ‚gemessen' werden. Die Zahl der von einem Anstreicher tapezierten Quadratmeter wird nach ausführlichen DIN-Vorschriften ausgemessen, ein Patient mit einer bestimmten Kankheit *gilt* als geheilt, wenn er 2, 3 oder 5 Jahre überlebt, eine Produktion *gilt* als zuverlässig, wenn die Quote der Beanstandungen einen bestimmten Prozentsatz nicht übersteigt usw. Ihre ‚Brisanz' erhalten sie vielmehr erst im Recht und insbesondere im Strafrecht, das sowohl ‚sachgerechte Entscheidungen' wie ‚Rechtssicherheit' produzieren soll. Die Strafrechtsentwicklung steht insofern unter der Antinomie von Anpassung an sich wandelnde wirtschaftliche, soziale usw. Verhältnisse, naturwissenschaftliche ‚Erkenntnisse', ‚Anschauungen', ‚Ergebnisse' und dem Bedürfnis nach Systematisierung, Berechenbarkeit, Rechtssicherheit als Garant der Freiheit.

2. *Das Kausalitätsurteil*

Es ist nicht beabsichtigt, im folgenden Aussagen über Kausal*begriffe*, Kausal*prinzip* oder bestimmte Kausalitäts*theorien* zu machen. Sie würden sicherlich nur denjenigen überzeugen, der sich zu ihnen jeweils bereits entsprechend verhält. Darüber hinaus wären sie hinsichtlich des Verhältnisses von Rechtswissenschaft und Philosophie möglicherweise zirkulär, denn „es ist mehr als wahrscheinlich, daß das Gesetz der Kausalität aus der Norm der Vergeltung hervorgegangen ist"[286]. Die Primitivreaktion, den Gegenstand zu treten (bestrafen), an dem man sich gestoßen hat, ist allgemein bekannt. Für das anthropologische Verständnis des europäisch-philosophischen Kausalproblems wichtig ist dessen Bedingtheit durch das „Täterschema"[287] der indoeuropäischen Sprachen[288]: „Wir lesen dauernd fiktive Täterwesen in die Natur hinein, nur weil unsere Verben Substantive vor sich haben müssen"[289].

Funktion des Kausalitätsurteils im Strafverfahren ist unstreitig, eine Beziehung herzustellen zwischen Verhalten und Erfolg. Diese Beziehung

---

Einzeldisziplinen äußerst umstritten ist, andererseits in Einzeldisziplinen wiederum differenziert wird, etwa mit der theoretisch wichtigen Unterscheidung zwischen „*morbus*" und „*Syndrom*".

[284] Z. B. im bereits nachgewiesenen Zerfall des hermeneutischen Grundbegriffs der Sachbeschädigung in der Rechtsprechung, Nachweise z. B. in BGHSt 13, 207 ff.

[285] Entnahme eines lebenswichtigen unpaarigen Organs zur Transplantation und klassischer klinischer Todesbegriff im Hinblick auf §§ 212, 222 StGB.

[286] *Kelsen*, a. a. O. S. 88 mit weiteren Nachweisen.

[287] *Wein*, a. a. O. S. 129 u. ö.

[288] nach *Whorf*, a. a. O. „Standard Everage European".

[289] *Whorf*, a. a. O. S. 44, vgl. a. S. 65 u. ö.

durch ein Urteil intersubjektiv (= überzeugend) zu setzen, scheint in zahlreichen Fällen problemlos zu sein, z. B.:

> A schießt mit einer Büchse auf B, der zusammenbricht und nicht reanimiert wird. Bei der Obduktion wird in B's Stammhirn eine Kugel gefunden.

Der ‚Richter' eines unentdeckten neolithischen Stammes würde den Fall etwa folgendermaßen wiedergeben:

> A zeigt mit einem Rohr auf B, es blitzt und donnert und B ist tot.

Dieser Richter müßte etwa überlegen: Ist A ein Gott? Ist Zauberei strafbar? Ist A Protegé eines starken Gottes? Welche Folgen hat eine Bestrafung von A für den Stamm? Wird der Gott erzürnt? Wird A den Stamm mittels seines Zaubers ausrotten, um sich zu schützen?

Auch für unsere Richter ist der Fall nicht so einfach, wie er auf den ersten Blick scheint. Selbstverständlich ist — nicht nur ihm — die Wirkungsweise einer Schußwaffe bekannt, die physikalischen Vorgänge dagegen nur andeutungsweise. Trotzdem wird er *insofern* keinen Gutachter beiziehen. Hat A nicht glaubwürdig — und möglicherweise falsch — gestanden, wäre es heute — und nicht vor hundert Jahren — ein grober Verstoß gegen die Aufklärungs*pflicht*[290], auf ein ballistisches Gutachten darüber zu verzichten, ob die in B's Kopf gefundene Kugel aus der Waffe des A verschossen worden ist, denn B könnte auch von einem Dritten erschossen worden sein. Auch vor hundert Jahren hätte eine Verurteilung impliziert, daß kein anderer auf B geschossen hat. Erst damit ist die Urheberschaft des A ‚schlüssig', d. h. im Sinne des § 261 StPO *rechtlich* wahrscheinlich.

Prinzipiell ließe sich eine diskret gleitende Skala immer komplexerer Fälle aufstellen, bei denen eine progressive Zunahme von hypothetischen Momenten nachweisbar wäre. Auf diese Weise würde sehr schnell ein Stadium erreicht, in dem die Bildung einer Überzeugung nicht mehr als *rechtliche* Wahrscheinlichkeit im Sinne von § 261 StPO möglich wäre, wenn rechtliche Wahrscheinlichkeit in Verbindung mit dem Postulat relativ-adäquater Übereinstimmung mit der Wirklichkeit auch nur überwiegende objektive Wahrscheinlichkeit ($> 0{,}5$) im Sinne der Wahrscheinlichkeitsrechnung bedeuten soll[291]. Es wurde bereits nachgewiesen, daß die *rechtliche* Wahrscheinlichkeit im Zusammenhang mit § 261 StPO wissenschaftstheoretisch zur Gruppe der *subjektiven* Wahrscheinlichkeitsbegriffe gehört.

Die Kontrolle anhand der objektiven Wahrscheinlichkeitsrechnung[292] zeigt, daß die Glaubwürdigkeit der Strafrechtspraxis *nicht* von einem *inhaltlich invariablen* rechtlichen Wahrheitspostulat abhängt. Da eine Verifikation nicht möglich ist, kann das Postulat lediglich hypothetisch als erfüllt gelten.

---

[290] Verstoß gegen eine *rechtliche* Regel.

[291] Vgl. etwa die Beispiele bei *Popper*, Probability, a. a. O. S. 359 ff.; *Feller*, a. a. O. S. 79 ff.

[292] Die als statistische für den Einzelfall unverbindlich ist.

Das Geltungskriterium muß notwendig wiederum ein hypothetisches sein: Die Intersubjektivierbarkeit der Entscheidungsgründe. Diese ist sowohl historisch durch den Bestand der jeweiligen in der Gesellschaft anerkannten Erkenntnismethoden und -ergebnisse bedingt[293, 294], wie auch durch subjektive Evidenzerlebnisse[295]. Zur außerhalb von Diktaturen notwendigen *prinzipiellen* Anerkennung durch die Gesellschaft[296] genügt vielfach zumindest das Vertrauen in die Verfahrensordnungen und deren Anwendungen durch den Richterstand[297]. Mit anderen Worten: die juristische Praxis muß auch bei der Aufstellung von Kausalitätsurteilen wenigstens prinzipiell sowohl glaubwürdig wie glaubhaft sein.

In Fortentwicklung der Probleme des § 261 StPO lassen sich die Kriterien der Intersubjektivität bei inhaltlich spezifischeren Problemen wie denen des Kausalitätsurteils nicht als einfache Skala angeben. Vielmehr müssen einerseits die vorrechtlichen theoretischen Schwierigkeiten und die rechtlichen Lösungsmodelle unter Einschluß der rechtsideologischen Komponenten andererseits präzisiert werden.

Eingangs wurde bereits gesagt, daß Aussagen über Kausalbegriffe etc. im Hinblick auf die Probleme der strafrechtlichen Praxis fragwürdig seien. Diese These muß zunächst weiter erläutert werden, bevor aufgezeigt werden kann, wie die Strafrechtspraxis das für sie nur virtuelle Kausalproblem löst und wie ihre Lösung zu deuten ist.

1. Es liegt in der Natur strafrechtlicher Sachverhalte, daß allenfalls Hypothesen in der Form objektiver Wahrscheinlichkeitsbegriffe[298] für Detailkausalurteile[299] aufgestellt und getestet werden können. Das *Gesamt*kausalurteil im Sinne objektiver Imputation beruht insofern notwendig immer auf subjektiver Wahrscheinlichkeit.

2. Subjektive Wahrscheinlichkeiten sind abhängig von der bisherigen *Erfahrung*[300], von der *per analogiam* auf den konkreten Fall geschlossen

---

[293] Die, wie bei den Problemen des § 261 StPO gezeigt wurde, Konventionen sind.

[294] Zu denen auch die naturwissenschaftliche Wahrscheinlichkeitsrechnung mit den von ihr abgeleiteten objektiven Wahrscheinlichkeitsbegriffen gehört.

[295] Die zu den wissenschaftlichen Konventionen in Widerspruch stehen können; vgl. dazu insbes. die empirischen Untersuchungen von *Cohen/Hansel*, a. a. O.

[296] Die im Einzelfalle durchaus fehlen kann und bei vielen Prozeßgegenständen sogar fehlen muß:

Beispiel: Contergan-Prozeß oder Fall Issels.

Das Vorkommen derart komplexer Prozeßgegenstände verbietet die Forderung *konkreter* Anerkennung.

[297] Empirisch besonders deutlich in Großbritannien nachweisbar durch die verbreitete Kenntnis der grundlegenden Rechtsgarantien und das hohe Ansehen des Richterstandes, wie auch die Bewertung bestimmter Richterpersönlichkeiten sowohl in Großbritannien wie in den USA.

[298] $p(ab) = r$; vgl. *Popper*, Probability, a. a. O. S. 357 ff.

[299] Beispiel: ballistischer Test.

[300] Vgl. statt vieler *Popper*, Probability, a. a. O.

wird. Die auch Juristen geläufige, das hypothetische Moment bezeichnende Formel lautet: „nach unserem Erfahrungswissen"[301, 302].

3. Die ‚Erfahrung' enthält bei ihrer Verwertung immer Deutungen und die hypothetischen Momente des Induktionsprinzips oder die Aufgabe des Anspruchs auf objektive Wirklichkeitsbezogenheit[303].

4. Damit ist es für die strafrechtliche Praxis letzten Endes gleichgültig, ob ein positivistischer oder ontologischer Kausalbegriff[304] zugrundegelegt wird. Abweichungen ergäben sich lediglich bei einem dialektischen Kausalbegriff[305] in Verbindung mit der Abbildtheorie bestimmter primitiver Ausformungen des dialektischen Materialismus.

In der strafrechtlichen Praxis sind auch die Deutungen des Kausalbegriffs implizit trivialisiert, denn die Kausal*urteile* werden von den Gerichten in materiellrechtlichem Kontext[306] als *objektive Zurechnung*[307] und nahezu immer in untrennbarem Zusammenhang mit weiteren objektiven Zurechnungsproblemen behandelt, wie insbesondere der Fahrlässigkeit, der Unterlassung usw.[308]. Damit werden in die Äquivalenztheorien hypothetische Momente eingeführt, die mit einem ontologischen Kausalbegriff genau so wenig zu tun haben, wie die Limitierung der ‚Naturkausalität' durch Adäquanz- oder Relevanzgesichtspunkte in den zahlreichen bekannten Modifizierungstheorien[309].

---

[301] Z. B. *Jescheck*, Lehrbuch, a. a. O. S. 191 statt vieler.

[302] Da die Trennung von Rechts- und Tatfrage im Strafrecht eine methodische Abstraktion als modus procedendi ist (in Strafurteilen gibt es keine formale Trennung von „Tatbestand" und „Entscheidungsgründen" wie im Zivilurteil), verdient der Hinweis von *Fiedler* Interesse, nach dem der Analogieschluß bei der *Rechts*anwendung eine eigene juristische Schlußform ist; vgl. *Fiedler*, Klug 1, S. 443; ders. Klug 2 S. 239 ff.

[303] Vgl. dazu z. B. *Popper*, Probability, a. a. O. insbes. S. 361.

[304] Heute noch *Welzel*, Lehrbuch, a. a. O. S. 43: „kein juristischer Begriff, sondern eine Seinskategorie"; für sein System zwingend.

[305] Vgl. dazu z. B. *Topitsch*, Leerformeln, a. a. O. S. 263: „die Dialektik, welche infolge ihrer Vagheit zur Begründung verläßlicher Voraussagen unfähig, zur *nachträglichen Rechtfertigung von Fehlprognosen* jedoch ideal geeignet ist".

[306] Bei dem weitgehend üblichen Hinweis „zu §§ ..." findet man vielfach *auch* § 261 StPO erwähnt.

[307] So auch weitgehend in der Literatur. Z. B. lautet in den jüngsten Großlehrbüchern die Generalüberschrift: „Kausalität und objektive Zurechnung" (*Jescheck*, Lehrbuch, a. a. O. § 28, S. 186); bzw.: „Die objektive Zurechnung des Erfolges" (*Schmidhäuser*, a. a. O. S. 182).

[308] Eine eigene bibliographische Übersicht wäre notwendig selektiv und damit willkürlich, deshalb wird auf die einschlägigen Lehrbücher verwiesen, insbesondere die ausführliche Bibliographie nach neuestem Stand bei *Jescheck*, a. a. O. S. 186 f. *Schmidhäuser*, a. a. O. S. 184 ff.

[309] Ausgezeichnet die Darstellungen bei *Schmidhäuser*, a. a. O. S. 184 ff. und *Jescheck*, a. a. O. § 28.

Als die Bedingungstheorie 1858 durch *Julius Glaser* begründet[310] und unter dem Einfluß *v. Buris*[311] vom Reichsgericht übernommen wurde[311a], galt unangezweifelt und deshalb für ahistorisch gehalten ein längst überwundener mechanistischer Wissenschaftsbegriff. Aus dieser Zeit berichtet z. B. *Max Planck,* daß einer der Prüfer in seinem Rigorosum (1879) „durchblicken ließ, daß er die theoretische Physik für ein vollkommen überflüssiges Fach hielt"[312]. Über die Wirkung seiner Dissertation (1879) und Habilitationsschrift (1888) schreibt er:

> „Nicht ohne Enttäuschung mußte ich feststellen, daß der Eindruck meiner Doktordissertation wie auch meiner Habilitationsschrift in der damaligen physikalischen Öffentlichkeit gleich Null war. Von meinen Universitätslehrern hatte, wie ich aus Gesprächen mit ihnen genau weiß, keiner ein Verständnis für ihren Inhalt. Sie ließen die Arbeiten wohl nur deshalb passieren, weil sie mich von meinen sonstigen Arbeiten im physikalischen Praktikum und im Mathematischen Seminar her kannten. Aber auch bei den Physikern, welche dem Thema an sich näher standen, fand ich kein Interesse, geschweige denn Beifall . . ."[313].

Aus seiner Berliner Zeit berichtet *Planck* z. B. über einen Kollegen:

> „Er behandelte mich stets sehr freundlich, doch hatte ich immer das Gefühl, daß er mich eigentlich für ziemlich überflüssig hielt. Ich war eben damals weit und breit der einzige Theoretiker, gewissermaßen ein Physiker sui generis, was mir den Einstand nicht ganz leicht machte. Ich glaubte auch deutlich zu spüren, daß mir die Herren Assistenten am Physikalischen Institut mit einer gewissen betonten Zurückhaltung begegneten"[314]. Für einen anderen war „die mechanische Theorie . . . der endgültige Schlußstein der theoretischen Physik"[315].

Der gleiche unproblematische mechanistische Wissenschaftsbegriff lag auch *v. Buris* Theorie zugrunde, in der er Kausalität als *Substanz*begriff einführt und mechanistisch-energetische Bilder mit ihrem Gegenstand schlechthin gleichsetzt. Seine berühmte Abhandlung aus dem Jahre 1873 beginnt mit folgendem Eigenzitat:

> „Unter Causalzusammenhang wird man wohl den Proceß der *Entstehung einer Erscheinung* begreifen dürfen. Will man den Causalzusammenhang einer concreten Erscheinung ermitteln, so muß man in geordneter Reihenfolge sämmtliche Kräfte feststellen, welche für die

---

310 A. a. O.

311 Vgl. insbes. Causalität 1, a. a. O. (1855) und Causalität 2, a. a. O. (1873).

311a Ständige Rechtsprechung in Strafsachen: RGSt 1, 439 ff. (Vereinigte Strafsenate) bis 77, 17 (18); BGHSt 1, 332; 2, 20 (24); 7, 112 (114).

312 A. a. O. S. 4.

313 A. a. O. S. 5.

314 A. a. O. S. 9.

315 A. a. O. S. 9.

Entstehung der Erscheinung irgend eine Wirksamkeit geäußert haben. Die ganze Summe dieser *Kräfte* ist dann als die Ursache der Erscheinung anzusehen. Mit demselben Rechte läßt sich aber auch jede einzelne dieser *Kräfte* für sich allein schon als die Ursache der Erscheinung betrachten, denn die Existenz derselben hängt so sehr von jeder *Einzelnkraft* ab, daß, wenn man aus dem Causalzusammenhang auch nur eine einzige *Einzelnkraft* ausscheidet, die Erscheinung selbst zusammenfällt. Es verleiht daher jede *Einzelnkraft* der, wenn man von ihr absieht, todten Masse aller übrigen *Einzelnkräfte* erst die *Lebenskraft*, es macht jede *Einzelnkraft* alle übrigen causal (m. Abh. Gerichtssaal 1870 S. 1 flg.)."[316]

Mit der Revision des ahistorischen mechanistischen Wissenschaftsbegriffes[317, 318] sind die theoretischen Voraussetzungen für die ursprüngliche juristische Bedingungstheorie[319] entfallen.

Es muß deshalb besondere strafrechtliche Gründe haben, daß die Bedingungs- (Äquivalenz-) Theorie zumindest *dem Namen nach*[320] im *Strafrecht* noch immer in ständiger Rechtsprechung angewendet wird, während sie im Zivilrecht ebenfalls in ständiger Rechtsprechung[321] durch die Adäquanztheorie ersetzt ist. Es ist auffallend, daß z. B. *Jescheck* zwar für die Einführung der Adäquanztheorie im Zivilrecht Gründe angibt[322], nicht aber für die Beibehaltung der Bedingungstheorie im Strafrecht. Implizit enthält allerdings die Stelle bei *Jescheck* die These, die Einschränkung der ‚Kausalität' durch die Adäquanztheorie sei im Strafrecht entbehrlich. Diese These wird

---

316 Causalität 2, a. a. O. S. 1; Hervorhebungen v. Verf.

317 Vgl. statt vieler z. B. *C. F. v. Weizsäcker*. „Mit dem Erfolg des mechanistischen Weltbildes setzt sich nun ein neuer Begriff von Anschaulichkeit durch: man sucht sich das Nichtanschaubare nach dem Bilde des Anschaubaren vorzustellen. ... Das physikalische Weltbild des 19. Jahrhunderts ... nahm unsere Anschauungsformen, wie sie der klassischen Physik entsprechen, für absolut. ... Dieses Weltbild war ein großer Entwurf ... Der Fortschritt unserer Kenntnisse aber hat gegen ihn entschieden". a. a. O. S. 28 f.

318 Die modernen Kontroversen um den Wissenschaftsbegriff setzen die Aufgabe des alten übereinstimmend voraus.

319 Die auch gar nicht mehr unproblematisch-naiv angewendet wird.

320 Adäquanzgesichtspunkte sind z. B. in Strafsachen ohne ‚prinzipielle' Aufgabe der aber nicht nur damit wesentlich veränderten Bedingungstheorie eingeführt worden in den Entscheidungen BGHSt 1, 332 (334); 3, 62 (64).

321 Seit RGZ 78, 270; vgl. davor: RGZ 42, 291; 50, 219; 69, 57. Zur Ersetzung „vager, generalisierender Kausalitätsformeln" (*Jescheck*, Lehrbuch, a. a. O., S. 193) im Zivilrecht durch teleologische Bestimmung der Haftungsgrenzen, vgl. insbes.: *v. Caemmerer*, a. a. O. S. 11 ff.; *Stoll*, a. a. O. S. 5 ff.

322 Gefährdungshaftung, Beschränkung der Schuld, „auf den schadensauslösenden Faktor selbst" (a. a. O. S. 193). Bis zur Novellierung des § 49 a und die Einfügung des jetzigen § 56 durch das 3. Strafrechtsänderungsgesetz vom 4. 8. 1953 (BGBl. I, 739) unbestreitbar auch im Strafrecht vorhanden; vgl. z. B. BGH 1, 332 (333) zu § 226.

aber einerseits durch die Einführung von Adäquanzgesichtspunkten verschiedenster Art zumindest fragwürdig und bietet andererseits keine Erklärung für die Asymmetrie der Rechtsprechung in Zivil- und Strafsachen in einem theoretisch grundlegenden Punkt, so lange nicht dargetan wird, daß die Aufgabe der Bedingungstheorie im Strafrecht in spezifischer Weise unerwünscht wäre. Zur Erklärung muß deshalb nach Gründen gesucht werden, die das Festhalten, wenigstens dem Namen nach, an einer ‚strikten Kausalitätstheorie' verständlich macht und die im Zivilrecht fehlen.

Die interdisziplinäre Rechtsvergleichung kann selbstverständlich nur hypothetische Gründe für das historische Phänomen liefern, denn die Bewußtseinsinhalte der Individuen, die die Rechtsprechung derartig zweigleisig entwickelt haben, sind den Entscheidungsgründen nicht ohne Spekulation zu entnehmen. Deshalb ist es besser, die Ausgangslage für das dem Namen nach in beiden Rechtsdisziplinen vorkommende Problem der Kausalität zu untersuchen.

Erstens ist zunächst einmal auffällig, daß die Mehrzahl der juristischen Arbeiten das Kausalitätsproblem ausdrücklich entweder auf eine Rechtsdisziplin beschränken oder für beide Disziplinen gesondert behandeln[323]. Zweitens sind bereits die Prozeßziele in Zivil- und Strafrecht verschieden determiniert. Im Zivilprozeß gilt der Grundsatz der *formellen*, im Strafprozeß der der *materiellen* Wahrheit.

1. Die konventionalistische Funktion des Zivilurteils ist bereits durch seine subsidiäre Funktion gegenüber außergerichtlicher Abwicklung[324] und die Dispositionsmaxime[325] festgelegt, so daß der Verzicht auf eine (bestimmte) Kausalitätsformel das Rechtsgefühl im Hinblick auf die Rechtskraft nicht zu erschüttern vermag.

2. Demgegenüber legt das strafprozessuale Postulat der Erforschung der materiellen Wahrheit nahe, den (ontologischen) Wahrheitswert des Strafurteils höher zu veranschlagen, als die Erkenntnismöglichkeiten des Gerichts, wie sie sich in der Rechtsprechung zu § 261 StPO darstellen. Zur allgemeinen Problematik des Wahrheitsbegriffs sei kurz darauf hingewiesen, daß in der allgemeinen Wissenschaftslehre als *objektiver* Wahrheitsbegriff wohl nur noch ein auf *Tarski* zurückgehender semantischer[326] vertreten wird. Die Lage

[323] Vgl. z. B. die Titelübersicht b. *Jescheck*, Lehrbuch, a. a. O. S. 186 f.

[324] Dementsprechend bezeichnet *Goldschmidt*, Justizrecht, a. a. O. einerseits das Strafrecht selbst als „materielles öffentliches Justizrecht", nicht aber das Zivilrecht, sondern den „Rechtsschutzanspruch" der Partei. Die letzte Unterscheidung wird besonders sinnfällig durch die allgemein anerkannte Unterscheidung zwischen öffentlich-rechtlichem Vollstreckungs- und privatrechtlichem vollstreckbarem Anspruch in der Zwangsvollstreckung.

[325] Von Besonderheiten im 6. Buch der ZPO kann in unserem Zusammenhang abgesehen werden.

[326] A. a. O.

der Mathematik veranschaulicht folgende Zusammenstellung[327], die insofern selbständigen Quellenwert hat:

> „*Mathematische Sicherheit*
> (Drei Zitate)
> *David Hilbert*, Vortrag in Bologna 1928[1a]: „wie wäre es mit der Wahrheit unseres Wissens überhaupt und wie mit der Existenz und dem Fortschritt der Wissenschaft bestellt, wenn es nicht einmal in der Mathematik sichere Wahrheit gäbe? Tatsächlich kommt heutzutage gar nicht selten in Fachzeitschriften und öffentlichen Vorträgen Zweifelsucht und Kleinmut gegenüber der Wissenschaft zum Ausdruck; es ist dies eine gewisse Art Okkultismus, den ich für schädlich halte."
> *Alexander Israel Wittenberg*[2a]: „Es gehört zu den Tragikomödien der Mathematikgeschichte, daß drei Jahre nach diesem Vortrag jene fundamentale Arbeit[3a] *Kurt Goedels* (eine der wissenschaftlichen Großtaten unseres Jahrhunderts) erschien, welche den von *Hilbert* mit größter Zuversicht eingeschlagenen Weg zur endgültigen Sicherung der Mathematik als grundsätzlich ungangbar erwies."
> *Mathematisches Wörterbuch*[4a] unter „*Gödel*scher Unvollständigkeitssatz": „Der Nachweis der Widerspruchsfreiheit einer entscheidbaren Menge von Ausdrücken einer hinreichend ausdrucksfähigen Theorie erfordert im allgemeinen Methoden, die über die Methoden der betr. Theorie hinausgehen[5a]."

3. Äquivalente Regulative sind die zivilprozessuale Entscheidung nach Beweislast und der strafprozessuale Freispruch in dubio. Die zivilprozessuale Lösung ist wiederum eindeutig konventionell, während der strafprozessualen eine Priorität materieller Gerechtigkeit zugrundeliegt. Diese ist aber notwendig limitiert durch das Postulat der Möglichkeit strafrechtlicher Praxis, so daß „letzte Zweifel" zurückstehen müssen.

4. Die verschiedene Ausgangslage der Prozeßarten, deren Darstellung keinen Anspruch auf Vollständigkeit erhebt, läßt sich damit auf das Problem des Wahrheitsbegriffs zurückführen. Über diesen entscheiden unter dem Postulat möglicher Praxis bereits die strafprozessualen Erkenntnismöglichkeiten. Diese können — wie jede andere menschliche Erkenntnis auch[328] —

[327] In: Praxis der Mathematik 9 (1967) S. 128.

[1a] Abgedruckt in Math. Ann. 102, S. 1—9; 1930.

[2a] Bildung und Mathematik, Stuttgart, 1963.

[3a] Über formal unentscheidbare Sätze der Principia Mathematica und verwandter Systeme, Monatshefte für Mathematik und Physik 38, 1931.

[4a] Berlin, Stuttgart 1965.

[5a] Siehe auch die Rezension *Nagel*, E. und *Newman*, J. R., Der Gödelsche Beweis. Wien, München 1964 in PM 7, S. 137, 1965; ferner: Über die Grenzen arithmetischer Axiomensysteme, PM 7, S. 124, 1965.

[328] „Substanz, Kausalität usw. bezeichnen nicht Realitäten an sich, sondern von Menschen erkannte Realitäten. Die Grenze ihrer Anwendung ist also dort erreicht, wo die Bedingungen nicht mehr existieren, welche die *Herstellung* einer erkennbaren Realität ermöglichen." *C. F. v. Weizsäcker*, Weltbild. a. a. O. S. 79. Hervorheb. v. Verf.

die Bedingungen eines ontologischen Wahrheitsbegriffs niemals erfüllen. Deshalb ist es auch sinnlos zu versuchen, einen ontologischen Kausalbegriff aufzustellen, der praktisch nicht anwendbar wäre.

Die Wandlung des Selbstverständnisses von Wissenschaft hat bei *Engisch*[329] folgerichtig zur Ersetzung der conditio-sine-qua-non-Formel durch die auf einem *logischen* Ursachenbegriff aufbauende „Formel der gesetzmäßigen Bedingung"[330] geführt. Bevor auf deren Verträglichkeit mit dem Postulat möglicher strafrechtlicher Praxis eingegangen wird, soll zunächst aufgezeigt werden, wie leicht sie bei völlig korrekter Wiedergabe erlaubt, den prozessual unerfüllbaren ontologischen Wahrheitsbegriff, mit dessen Problematik durch die Bedingungstheorie das materielle Strafrecht belastet wurde, wieder in das Beweisrecht ‚wegzuspielen'.

„Für die Kausalität im Sinne der Bedingungstheorie kommt es somit allein darauf an, ob sich an eine Handlung zeitlich nachfolgende Veränderungen in der Außenwelt angeschlossen haben, ... die mit der Handlung *gesetzmäßig*[331] verbunden waren und sich als tatbestandsmäßiger Erfolg darstellen (Formel von der gesetzmäßigen Bedingung). Die Formel von der ‚conditio sine qua non' kann dazu gar nicht beitragen, sondern nur das sachkundige Urteil des Fachmanns"[332].

Ganz offensichtlich hängt alles davon ab, wie der Leser den Ausdruck „gesetzmäßige Bedingung" deutet. Bei einem außerhalb der empirischen Wissenschaften noch verbreiteten ontologischen naturwissenschaftlichen Gesetzesbegriff wird mit diesem zugleich wieder ein ontologischer Wahrheitsbegriff eingeführt, der dann erfüllt wäre, wenn das vermittelnde „Naturgesetz" ein „ontologisches Kausalgesetz" — etwa im Gegensatz zu einem „bloß statistischen Gesetz" – ist.

Solche Mißverständnisse kommen tatsächlich vor, sogar bei rein statistischen Arbeiten von Juristen:

> „Der beste Beweis der Zuverlässigkeit einer Prognosetafel ist die Größe der Gruppe, für die ein Rückfallprozentsatz von 100 % errechnet werden konnte, *oder* mit anderen Worten die Zahl der ‚unverbesserlichen' Probanden"[333].

Ohne das ontologische Mißverständnis enthielte die Gleichsetzung von rechnerischem „Rückfallprozentsatz von 100 %" mit der „Zahl der ‚unverbesserlichen' Probanden" eine Zirkeldefinition bzw. inhaltsleere Tautologie.

Aber auch bei einem korrekten *methodologischen* Gesetzesbegriff ist *Engischs* Formel im Hinblick auf Praxis leicht mißzuverstehen. Das ist bei *Engischs* auf das materielle Strafrecht beschränkter Untersuchung kein Mangel, hat aber z. B. bei *Spendel,* der die „Fassung und Anwendbarkeit der Kausalitätsformel" auch „unter dem beweisrechtlichen Gesichtspunkt" unter-

[329] Grundlegend Kausalität, a. a. O. vgl. ders. Weltbild, a. a. O. S. 110 ff.

[330] A. a. O. S. 21, 24 ff.

[331] Hervorhebung v. Verf.

[332] So z. B. völlig korrekt *Jescheck,* Lehrbuch, a. a. O. S. 191.

[333] *Fritz Meyer,* a. a. O. S. 131. Hervorhebungen vom Verfasser.

sucht[334], zu einer verbesserten normativ-hypothetischen Bedingungsformel geführt. *Engischs* Ausführungen bereiten insofern Schwierigkeiten, als er einerseits zwar einen korrekten Begriff des Naturgesetzes verwendet, bei dem er vom konkreten Fall abstrahiert[335], andererseits aber Naturgesetze offenbar nicht als *Regeln,* sondern als *„strikte universale Gesetze"* deutet[336].

Damit wird das Bedürfnis der Strafjuristen nach Sicherheit bei der Sachverhaltsfeststellung emotiv befriedigt. Zugleich wird aber der Anwendungsbereich des Strafrechts zunächst praktisch gleich null und dann rational unkontrolliert wieder erweitert[336a]. Nimmt man den Begriff des Naturgesetzes technisch, müßte eine naturwissenschaftliche Theorie aufgestellt werden, die einerseits widerspruchsfrei nur Naturgesetze[337] enthält und andererseits hinreichend reichhaltig ist, die „Subsumierbarkeit des konkreten Vorganges unter die Naturgesetze" zu leisten. Theorie wie Praxis schließen diese Möglichkeit aus. Einerseits fehlen dafür bereits die mathematischen Voraussetzungen, andererseits ist Verf. kein Strafurteil oder verkehrstechnisches, gerichtsmedizinisches, internistisches, psychiatrisches oder sonstiges Sachverständigen-Gutachten bekannt geworden, in dem dieser Versuch unternommen worden ist. Bei einiger Großzügigkeit könnten allenfalls bestimmte Fälle des *Ausschlusses* der Vaterschaft auf Grund von Blutgruppenmerkmalen dazu geeignet sein. Die Rechtsprechung ist allerdings vorsichtiger und spricht von „Annahmen der Wissenschaft" und „anerkannten Sätzen der wissenschaftlichen Erfahrung"[338], allerdings auch von „allgemein anerkannten Naturgesetzen"[339]. Die Gerichte relativieren aber diese seltenen ‚All-Aussagen' auf den „heutigen Stand der wissenschaftlichen Erkenntnis"[340], stellen zutreffend die „Voraussetzung fehlerfreier Bestimmung der Merkmale"[340] auf, die nicht mehr in einer den Bedingungen entsprechenden Theorie ausgedrückt werden können, und verleihen diesen Sätzen *rechtliche* Geltung durch Anerkennung als „Normen des ungeschriebenen Rechts"[341]. Dabei ist diese ganze Fall-

---

[334] Kausalität, a. a. O. S. 60 ff.

[335] Z. B. „Dagegen bezieht sich die Formel der c. s. q. n. ... unmittelbar auf den konkreten Fall"; a. a. O. S. 26. Demgegenüber versucht *Engisch* mit seiner Formel der gesetzmäßigen Bedingung eine Objektivierung des sonst subjektiven Schlusses per analogiam auf Grund von Erfahrung; vgl. in der nächsten Anmerkung.

[336] Vgl. z. B., daß die „Formel der gesetzmäßigen Bedingung ... nur nach der Subsumierbarkeit des konkreten Vorganges unter die Naturgesetze fragt"; a. a. O. S. 26. Damit wird die Möglichkeit eines Verzichts auf *Entscheidung* über den Sachverhalt behauptet; vgl. in der vorstehenden Anmerkung.

[336a] Dieser Satz drückt ein kontrollierendes ‚Gedankenspiel' aus und enthält keine historische Aussage.

[337] D. h. ‚strikte universale Gesetze' oder ‚All-Aussagen', zu denen keine Ausnahme bekannt ist.

[338] Vgl. z. B. BGHSt 6, 70 (73).

[339] A. a. O.

[340] A. a. O.

[341] A. a. O. S. 72.

gruppe nahezu singulär im Hinblick auf die Möglichkeit der Reduktion von Komplexität auf wenige bestimmte Merkmale. Bereits bei einem *einfachen* und für die Praxis *eindeutigen* Verkehrsunfall ist eine entsprechende Zurückführung auf eine geringe Anzahl (noch meßbarer) physikalischer Größen nicht mehr möglich. Wie jede andere angewandte Wissenschaft[342] steht die Strafrechtspraxis vor der Notwendigkeit, sich mit Erfahrungs*regeln* zu begnügen. Zu entscheiden, wann und wozu diese ausreichen, kann nicht auf andere Disziplinen abgewälzt werden. Ausdrücke wie „Adäquanz" im Strafrecht[343], der „Tendenz", des ‚objektiven Zweckmoments', der „objektiven Finalität"[344], der „objektiven Zurechnung" dienen in den verschiedensten dogmatischen Systemen dazu, diese Frage methodisch einzugrenzen. Lediglich die *virtuelle* Abstraktheit des Prozeßrechts gegenüber dem materiellen Recht[345] in einer Vielzahl von Systemen, verdeckt diesen Sachverhalt.

3. *Kausalitätsurteile in der Rechtsprechung*

Bevor Entscheidungen daraufhin untersucht werden können, wie die Rechtsprechung praktisch mit den durch den Ausdruck ‚Kausalität' verdeckten Problemen fertig wird, ist es zunächst einmal notwendig, sich die Bedingungen der Sprachentwicklung in der Rechtsprechung wenigstens in gröbsten Umrissen zu vergegenwärtigen.

Zunächst einmal ist jedes Judikat primär Einzelfallentscheidung, bei der der unausgesprochene Grundsatz gilt, nicht mehr zu entscheiden, als für den Fall[346] notwendig ist[347]. Insofern ist regelmäßig die conclusio maior der Entscheidung zugleich die conclusio minor einer implizit vorausgesetzten allgemeineren conclusio maior, deren Geltungsumfang durch die konkrete Entscheidung nur in einem kleinen Ausschnitt bestimmt wird. Die systematisierenden Möglichkeiten der Einzelurteile sind deshalb denkbar gering[348]. Schon deshalb ist der einfache Rückschluß auf die übergeordnete conclusio maior unzulässig. Das prinzipielle[349] Fehlen einer Präjudizienbindung ist methodische Folge dieses Prinzips.

Neben dem Prinzip der ‚Singularität der Entscheidung' ist für die Sprachentwicklung in der Rechtsprechung aber noch ein weiterer funktiona-

---

[342] Typische Probleme z. B. in der medizinischen Diagnostik oder die Notwendigkeit von Modellversuchen und Tests im Flugzeugbau usw.

[343] Vgl. dazu *Reinh. v. Hippel,* Versuch. a. a. O. S. 18 ff.

[344] Vgl. a. a. O. S. 21 m. Nachweisen.

[345] Anders z. B. *Peters,* Strafrechtsgestaltende Kraft, a. a. O.

[346] Oder bei sogenannten ‚Grundsatzentscheidungen', die insbesondere über ‚Regeln des ungeschriebenen Rechtes' auch in den Bereich des Tatsächlichen übergreifen können, für die Begründung des ‚Grundsatzes'.

[347] Explizit mit typischer Wendung: „kann dahingestellt bleiben", z. B. BGH 1, 332 (334).

[348] Zugleich ist davon die Möglichkeit jeweiliger Anpassung an veränderte Bedürfnisse abhängig.

[349] Ausnahme: Institut d. Vorlagebeschl. §§ 121 II, 136 I GVG.

ler Zusammenhang bedeutsam: die Sprachgeschichte in der Rechtsprechung. Wenn auch die Geltung im Einzelfall auf die Sprach- und Sachkompetenz der (letzt-) zuständigen Richter zurückzuführen ist, deren Entscheidung Rechtskraft erlangt, so hat die relative Beständigkeit der Sprachprofile der privilegierten Sprachbenutzer eine eigene rechtliche Garantiefunktion. Deshalb werden im Regelfall nicht die ohnehin nur relativ auf den Einzelfall in jeweils notwendigem Minimalumfang explizierten Ausdrücke durch andere ersetzt. Vielmehr werden ständig gleichlautende Ausdrücke im notwendigen Umfang neu expliziert, sei es unter Beibehalten[350], Modifizieren oder Aufgeben[351] (explizit oder implizit) der übergeordneten conclusio maior.

Die Sprache der Gerichte ist deshalb hinsichtlich der verwendeten Ausdrücke konservativ, in der Explikation aber notwendig evolutionär, und zwar selbst bei nicht modifizierender, sondern lediglich die Bestimmung des Geltungsumfanges der Ausdrücke ergänzender Rechtsprechung. Der Begriff ‚evolutionär‘ ist rein deskriptiv verwendet.

Um zu verstehen, wie ein bestimmtes Gericht bestimmte Probleme gelöst hat, muß deshalb vom konservativen Zeichengebrauch abstrahiert werden. Häufig ist der Typus einer Art ‚Verbundbegründung‘, die durch späteres Anknüpfen an einzelnen Ansätzen die Kontinuität der Rechtsprechung zu *konstituieren* erlaubt. Vgl. dazu z. B. die *materiell* korrigierende, *formell* kontinuierliche Entscheidung BGH 22, 67 zum Gefährdungsvorsatz, der *der Sache nach* an *Celle* in NJW 1954, 612 anknüpft, mit der früheren ständigen Rechtsprechung[352]. Selbst *Celle* mußte damals seine späteren Entscheidungen der bis BGH 22, 67 herrschenden Rechtsprechung, die von anderen Obergerichten begründet und vom BGH anerkannt worden war, anpassen wegen § 121 II GVG.

4. *Analyse einiger Entscheidungen*

Die Frage danach, wie die Praxis mit dem Problem der Kausalitätsurteile fertig wird, schließt wiederum von dem entwickelten theoretischen Konzept her das Postulat möglicher Praxis ein. Trotzdem ist das Feld damit noch nicht ausreichend eingegrenzt. Die Praxis hat und macht Geschichte, die in unserem Zusammenhang zumindest in die frühe Zeit des Reichsgerichts (*v. Buri*!) zurückreicht. So weit zurückzugehen, setzte die Untersuchung der

[350] Vgl. z. B. zur Konkretisierung des *Gesetzesbegriffes* „Gegenstände des hauswirtschaftlichen Verbrauchs“ (§ 370 Ziff. 5) bei Benzin für Kraftfahrzeuge: zutreffend ablehnend (1915!) RG in LZ 1915, 548 (Entsprechend z. B. *Weber*, a. a. O. noch 1925); ebenso zutreffend für bestimmte Fallgruppen zustimmend die jüngere Rechtsprechung, vgl. für diese BGH 14, 351.

[351] Vgl. z. B. BGH 11, 199 = JZ 58, 443 m. Anm. von *Hartung* gegen die frühere Rechtsprechung (vgl. für diese z. B. BGH 6, 100); vgl. zu dem ganzen Komplex die Nachweise bei *Reinh. v. Hippel*, Individualgefahr, a. a. O. S. 378 ff.

[352] Ausführlich dokumentiert bei *Reinh. v. Hippel*, Vorsatzprobleme, a. a. O. S. 443 ff.

Gefahr aus, wichtige Entwicklungsmomente durch quantitativen dominierenden konservativen Zeichengebrauch in früheren Rechtsprechungsphasen nicht hinreichend präzisieren zu können. Die Untersuchung ist durch den Zeichengebrauch ohnehin belastet, der die Feststellung von Problemlösungstendenzen erschwert. Deshalb wird das Feld der Untersuchung einmal beschränkt auf die Zeit seit Schaffung des Bundesgerichtshofes und zum anderen auf Entscheidungen des Bundesgerichtshofes[353]. Von diesen werden wiederum nur die in der amtlichen Sammlung veröffentlichten Entscheidungen berücksichtigt, weil die Herausgabe „von den Mitgliedern des Bundesgerichtshofes und der Bundesanwaltschaft"[354] eine Vorauswahl durch eine für die Rechtsentwicklung besonders relevante Gruppe privilegierter Sprachbenutzer bedeutet. Die Relevanzkriterien bei der Auswahl dürften primär von der allgemeinen Rechtsfortbildung und weniger von spezieller Fallösungsproblematik bestimmt sein.

Innerhalb dieser Materialien ist zugleich zu differenzieren zwischen Entscheidungen, die vor bzw. nach dem 3. Strafrechtsänderungsgesetz vom 4. 8. 1953[355] ergangen sind. Dabei darf diese Zäsur nicht als formelle Zeitbestimmung verstanden werden, denn es braucht erfahrungsgemäß einige Zeit, bis sich Argumentationen Gesetzesänderungen anpassen, auch wenn diese systematisch bedeutsam sind.

Eine gewisse Vorinformation vermitteln bereits die Verweisungen in den beiden bisher vorliegenden Bänden des Generalregisters zur amtlichen Sammlung:

1. „*Ursächlicher Zusammenhang* s. auch Betrug; Unterlassungsdelikte[356]",
2. „*Ursachenzusammenhang* s. auch Beweiswürdigung (In dubio pro reo)"[357].

Die sachliche Verschiebung von der materiellrechtlichen Dogmatik zum Prozeßrecht ist unübersehbar. Ob sie z. B. auf Schwierigkeiten mit einem unerfüllbaren ontologischen Wahrheitsbegriff zurückzuführen ist, bedarf noch der Untersuchung.

Zuvor ist der Quellenwert der Fundstelle zu klären. Das Register selbst ist keine Rechtsquelle. Seine Funktion ist die lexikalische Systematisierung des in die Sammlung aufgenommenen Entscheidungsmaterials, das seiner-

---

[353] Argument: Funktion des Vorlagebeschlusses, §§ 121 II, 136 I GVG.

[354] Vgl. Titelseite der amtlichen Sammlung.

[355] BGBl. 1, 735; relevant durch die Einfügung des jetzigen § 56 und Novellierung des § 49 a (vgl. a. a. O. S. 739), die bestimmte Erklärungen für die Verschiedenheit der Kausaltheorien in Zivil- und Strafrecht (z. B. *Jescheck*, Lehrbuch, a. a. O. S. 193) erstmals valutieren.

[356] Generalregister zu Bd. I—X; Bearbeiter: *Herlan* (Bundesanwalt), *Kirchhof (Oberstaatsanwalt beim Bundesgerichtshof)*, *Kirchner* (Bundesrichter i. R., *Reichsanwalt beim RG a. D.).*

[357] Generalregister zu Bd. XI—XX; Bearbeiter: *Herlan* (wie vor), *Kirchhof (Bundesrichter beim Bundesgerichtshof), Kirchner* (wie vor, noch vor Abschluß des Registers *verstorben:* a. a. O. S. V).

seits im einzelnen wie in der Auswahl Erzeugnis in spezifischer Weise rechtlich privilegierter Sprachbenutzer ist. Die lexikalische Systematisierung ist nicht interpretationsfrei (implizit kommentierend). Die Bearbeiter sind durch Übertragung der Aufgabe seitens der Gesamtgruppe der an der Rechtsprechung des BGH in Strafsachen Beteiligten *rechtlich* privilegierten Sprachbenutzer nur *faktisch* privilegiert und eine ‚Zurechnung' der impliziten Kommentierung an die Gesamtgruppe ist mangels eines „imperativen Mandates" nicht möglich. Zugleich gehören sie aber selber dieser rechtlich privilegierten Sprachbenutzergruppe an[358]. Die implizite Kommentierung hat dadurch einen ähnlichen Quellenwert, wie — gleichfalls *rechtlich* unverbindliche — amtliche Begründungen oder Ausschußprotokolle bei der Gesetzgebung.

Das ausgewiesene Entscheidungsmaterial umfaßt immer noch einen Zeitraum von etwa 19 Jahren. Eine Untersuchung, bei der durch Abstraktion vom ‚konservativen Sprachgebrauch' die Entscheidungsprobleme und -mittel herausgearbeitet werden sollen, muß zur Erhellung der sehr komplexen Vorgänge mehrfach ansetzen.

Grundmodell

Material

„Maßgebend ... ist der *tatsächliche,* nicht ein gedachter Ursachenverlauf[359]". Diese Entscheidung bezieht sich ausdrücklich auf BGH 10, 369: „Für die Frage, ob das Verhalten eines Verkehrsteilnehmers für einen Unfall ursächlich war, kommt es lediglich auf den wirklichen Unfallverlauf an"[360].

Kommentar

Diese Entscheidungen implizieren einen ontologischen Wahrheitsbegriff. Über die Probleme der *Erkenntnis* des „tatsächlichen Ursachenverlaufs" bzw. des „wirklichen Unfallverlaufs" sagen sie nichts aus. Das rechtliche Problem der Zurechnung wird als gelöst vorausgesetzt, und zwar methodisch durch das hypothetische Verfahren der Bedingungstheorie. Dieses ist in BGH 1, 332 (333) eingeführt. Dort wird der subjektive Wahrscheinlichkeitsbegriff der Adäquanztheorie zunächst zutreffend wiedergegeben: „Allgemein, erfahrungsgemäß geeignet"[361]. Anschließend wird ihr unterstellt, sie arbeite „mit einer Wahrscheinlichkeitsrechnung"[362]. Dieses unzutreffende Argument drückt wiederum den ontologischen Wahrheitsbegriff aus, der durch das

---

[358] Vgl. in Anm. 356, 357; möglicherweise ist sogar die Änderung in der Art der Privilegierung von *Kirchhof* und das Ausscheiden von *Kirchner* (Reichsgerichtstradition!) erheblich, entzieht sich aber der Nachprüfung.

[359] BGH 17, 181 (186).

[360] Aus Leitsatz 2.

[361] A. a. O. S. 333 Abs. I.

[362] A. a. O. S. 333 Abs. III.

hypothetische Verfahren der Bedingungstheorie[363] nicht erfüllt wird. Das normative Moment objektiver Zurechnung (*Sprachkompetenz*) wie das prozessual erhebliche Erkenntnisproblem (*Sachkompetenz*) werden ignoriert. Die Entscheidungen stehen z. B. in Widerspruch zu BGH 10, 208 ff. (zu § 261 StPO).

Variationen

modus operandi

Die Register zu Bd. I—XXII der amtlichen Sammlung BGHSt weisen unter dem Stichwort „Ursächlicher Zusammenhang"[364] bzw. „Ursachenzusammenhang"[365] insgesamt 21 Entscheidungen aus. Diese setzen alle in irgendeiner Weise *formell* die Bedingungstheorie voraus. Das gilt auch für solche Entscheidungen, in denen überhaupt kein bestimmter Kausalbegriff enthalten ist[366], denn das Schweigen des Gerichts (jedenfalls bei einem oberen Bundesgericht als Revisionsinstanz) impliziert in solchen Fällen den Anspruch auf ‚Kontinuität der Rechtsprechung'. Ob dieser jeweils real fundiert ist oder nur die Bedeutung einer rhetorisch-formellen Anknüpfung als nur verbales Traditionsmoment hat, muß unter anderem wegen der funktionsbedingten geringen Möglichkeit zur Systematisierung[367] durch die Rechtsprechung selbst gesondert geprüft werden. Entscheidendes Kriterium kann dabei nur sein, ob der vorausgesetzte Begriff in der ratio decidendi enthalten oder zumindest mit ihr widerspruchsfrei vereinbar ist.

Für die Frage, ob es nicht nur verbal eine ständige, der Bedingungstheorie im klassischen Sinne entsprechende Rechtsprechung gibt, kommt es dann auf die Entscheidungen an, bei denen das Objekt der Entscheidung weder hinsichtlich des Kausalbegriffes indifferent ist[368], noch eine routinemäßige Bildung der conclusio maior im Sinne üblicher Normkonkretisierung in der Stufe der Rechtsprechung erlaubt. Logisch entspricht diesem Ausschluß der Mehrzahl der Entscheidungen die Tatsache, daß ein Begriff dann nicht

[363] Wiedergegeben a. a. O. S. 333 Abs. I.

[364] Generalregister zu Bd. I—X.

[365] Generalregister zu Bd. XI—XX; Reg. zu Bd. XXI; in Bd. XXII ist keine ‚Kausalitätsentscheidung' enthalten.

[366] Modellhaft z. B. BGHSt 21, 59 (61); in dieser modifizierenden Entscheidung verwendet der 2. Senat nacheinander lediglich folgende Ausdrücke: „ursächlicher Zusammenhang", „solcher Zusammenhang", „Kausalreihe", „ursächlich", „ursächlicher Zusammenhang".

[367] Die vielfach erst auf der Stufe der Rechtsprechung *verarbeitenden* Kommentare, Lehrbücher usw. geleistet wird und insofern einen anderen Quellenwert hat. In dieser Funktion benutzt die Literatur eine *Metasprache* über die Entscheidungen als *Objektsprache*. Die Systematisierung ist deshalb die des Autors und seiner jeweiligen Systemansätze, nicht aber die der Rechtsprechung selbst.

[368] So z. B. BGHSt 7, 270 zu rein prozessualen Fragen des Umfangs des Begründungszwanges (§ 267 StPO).

mehr als systemtragend anerkannt werden kann, wenn er nicht durchgehend verwendbar ist oder[369] verwendet wird.

Variation 1

Material

„Die Frage, ob eine Körperverletzung den Tod des Verletzten verursacht hat, ist nach der Bedingungstheorie zu entscheiden[370]".

„Die Revision beanstandet, daß der Anwendung des § 226 StGB die Bedingungstheorie zugrundeliege. Sie meint, für die durch den Erfolg qualifizierten Delikte müsse die Adäquanztheorie gelten. Nach ihr scheidet § 226 StGB aus, weil der Angeklagte auch bei pflichtgemäßer Sorgfalt den Tod (des) B nicht habe vorhersehen können.

Die Revision verwechselt offenbar die Frage nach dem ursächlichen Zusammenhang mit der des Verschuldens. Die allgemein erhobene Sachrüge nötigt jedoch zu der Prüfung, was unter dem Begriff der Verursachung *in* § 226 StGB zu verstehen ist... Das Reichsgericht hat in ständiger Rechtsprechung *für das gesamte Gebiet des Strafrechts* die Bedingungstheorie angewandt. ... Diese Auffassung herrscht auch heute noch vor. *Auch der Senat teilt sie* ... § 226 StGB droht die schwerere Strafe für den Fall an, daß durch die Körperverletzung der Tod des Verletzten verursacht worden ist. Der Wortlaut und der Zusammenhang der angeführten Bestimmungen schließen jeden Zweifel darüber aus, daß § 226 StGB hinsichtlich der Todesfolge kein Verschulden voraussetzt. Andere Schriftsteller, auch Anhänger der Bedingungstheorie, meinen, daß jedenfalls für die durch den Erfolg qualifizierten Delikte die Adäquanztheorie gelten müsse. Dem steht jedoch folgendes entgegen: *Die Adäquanztheorie arbeitet mit einer Wahrscheinlichkeitsrechnung.* Sie fragt, ob ein menschliches Verhalten allgemein, *erfahrungsgemäß* zur Herbeiführung eines bestimmten Erfolges *geeignet* sei, ob es geradezu eine *„Tendenz"* hierzu besitze. Ist dies aber der Fall, dann ist der Erfolg auch *vorhersehbar*, immer allgemein, *meistens aber auch für den Täter.* Das liefe darauf hinaus, daß in der Regel nur die Erfolge strafrechtlich erfaßt würden, die der Täter fahrlässig herbeigeführt hat. ... *Ob auch ganz ungewöhnliche Folgen, die außerhalb jeder Berechnungsmöglichkeit liegen ... unter § 226 StGB fallen, kann dahin gestellt bleiben ...*"[371]

Kommentar

Der 2. Senat behauptet die Geltung der Bedingungstheorie „für das gesamte Gebiet des Strafrechts"[372]. Trotzdem hält er es für nötig zu klären,

---

[369] Wie hier bei der Erforschung eines *historischen* Sachverhaltes.

[370] BGHSt 1, 332 (Leitsatz); zu § 226 vor Einfügung des jetzigen § 56 durch das 3. Strafrechtsänderungsgesetz vom 4. 8. 53 (BGBl. I, 739).

[371] BGHSt 1, 332 ff.; Hervorhebungen v. Verf.

[372] Selbst diese scheinbar eindeutige Aussage wird bei (verbalem) Festhalten an der Bedingungstheorie problematisch durch die spätere Einfügung der Tatbe-

„was unter dem Begriff der Verursachung *in" einem bestimmten gesetzlichen Kontext* zu verstehen ist.

Die „Frage nach dem ursächlichen Zusammenhang" wird explizit von der des Verschuldens getrennt. Die Adäquanztheorie wird insbesondere argumentativ damit abgelehnt, daß die — fälschlich mit „der Wahrscheinlichkeitsrechnung" gleichgesetzte — Anknüpfung an die Erfahrung *mittelbar* zu einer weitgehenden (nicht einmal prinzipiellen) Verengung des Feldes der Strafbarkeit auf fahrlässige Herbeiführung des qualifizierten Erfolges führt. In direktem Widerspruch dazu werden die abgelehnten Kategorien der Adäquanztheorie als *möglicherweise* relevant eingeführt, obwohl die ratio decidendi hinsichtlich des konkreten Falles nach der Argumentation des Gerichts dazu keinen Anlaß bot. Nur insofern ist die Entscheidung auch heute noch von Bedeutung, während ihre ratio durch die Einfügung des jetzigen § 56 StGB überholt ist.

Variation 2

Material

„An der Ursächlichkeit seines Verhaltens für den ... Erfolg kann nach der im Strafrecht geltenden Bedingungslehre kein Zweifel bestehen ... Die strafrechtliche Verantwortlichkeit entfällt für einen Geschehensablauf, der so sehr außerhalb aller Lebenserfahrung liegt, daß der Täter ... nicht mit ihm zu rechnen braucht[373]."

Kommentar

Die Trennung zwischen Kausalität und Schuld ist strikte eingehalten. Die nach BGHSt 1, 332 (333) bei der Kausalität argumentativ verworfene Anknüpfung an die Erfahrung wird (tentativ) als Korrektur der Sorgfaltspflicht eingeführt, obwohl der Geschehensablauf nicht „außerhalb jeder Berechnungsmöglichkeit"[374] lag.

Variation 3

modus procedendi

Die vieldiskutierte[375] Entscheidung BGHSt 11, 1 (sogenannter Radfahrer-

---

stände der Straßenverkehrsgefährdung in das StGB und die Rechtsprechung des BGH zum „verkehrsgerechten Verhalten"; vgl. z. B. BGH VRS 36, 36 des 4. Senats (Leitsatz 2): „Steht nicht fest, daß es bei verkehrsgerechtem Verhalten des Kraftfahrers nicht auch zu dem Tod des Fußgängers gekommen wäre, kann ihm sein festgestelltes verkehrswidriges Verhalten nicht als für den schädlichen Erfolg ursächlich zugerechnet werden". Vgl. weiter für die ständige Rechtsprechung des 4. Senats insbesondere BGH 11, 1; VRS 21, 341; 24, 205.

[373] BGHSt 3, 62 (63 f.); 2. Ferien-Strafsenat.

[374] So die Beschreibung *möglicher* Relevanz von Adäquanzkriterien für die Kausalität bei BGHSt 1, 332 (334).

[375] Vgl. dazu: *Baumann*, Probleme, a. a. O. S. 102 f.; ders. Schuld, a. a. O. S. 46 ff.; ders. Lehrbuch, a. a. O. S. 259 ff.; *Binavince*, a. a. O. S. 208 ff. *Dreher*, Kom-

fall) kann im Gegensatz zu den bisher erörterten Entscheidungen nur stufenweise analysiert werden. Dazu ist mehrfache Aufgliederung in „Material" und „Kommentar" nebst den Kontext konstituierenden Verweisungen notwendig.

Material 1

„Als ursächlich für einen schädlichen Erfolg darf ein *verkehrswidriges* Verhalten nur dann angenommen werden, wenn sicher ist, daß es bei *verkehrsgerechtem* Verhalten nicht zu dem Erfolg gekommen wäre"[376].

„Natürlich war die Fahrweise des Angeklagten eine Bedingung im mechanisch-naturwissenschaftlichen Sinn für den Tod des Radfahrers. Damit ist aber nicht gesagt, daß die in seinem Verhalten steckende Verkehrswidrigkeit, das zu knappe Überholen, für die Herbeiführung des Tötungstatbestandes gem. § 222 StGB im strafrechtlichen Sinne ursächlich war"[377].

Kommentar 1

Die Entscheidung bleibt *insoweit* auf dem Boden der Bedingungstheorie, als das „verkehrswidrige" Verhalten des Angeklagten nach dem hypothetischen Verfahren der klassischen conditio-sine-qua-non-Formel hinweggedacht werden kann, ohne daß der Erfolg — Tod des Radfahrers — entfällt.

Von dem Gesamtverhalten des Angeklagten — Fahren eines LKW: ‚so', ‚hier', ‚jetzt' — wird aber bis auf das rechtlich als verkehrswidrig qualifizierte ‚so' abstrahiert. Bei der Anwendung der conditio-sine-qua-non-Formel auf den derart präparierten Sachverhalt erscheint der Erfolg nicht als Resultante der in der Verkehrswidrigkeit angelegten „typischen Gefahr" oder „Tendenz". Da an die Erfahrung nicht generalisierend, sondern konkret angeknüpft wird, ist die Entscheidung insoweit nur *mittelbar* der Kritik von BGH 1, 333 f. an der Adäquanztheorie ausgesetzt: Auch die konkrete Prüfung nach der conditio-sine-qua-non-Formel kann auf *generali-*

mentar, a. a. O. B II 3 b vor § 1; *Fuchs,* a. a. O.; *Hülle,* a. a. O.; *Jescheck,* Fahrlässigkeit, a. a. O. S. 16 f.; ders. Lehrbuch, a. a. O. S. 387 f.; *Kahrs,* a. a. O. S. 135 ff.; *Kaufmann,* a. a. O. S. 200 ff.; *Klauser,* a. a. O.; *Kohlrausch-Lange,* a. a. O. S. 4 f.; *Lackner-Maassen,* a. a. O. Anm. IV 2 a cc zu § 59; *Lampe,* Täterschaft, a. a. O. S. 591 ff.; ders. Unrecht, S. 219 ff.; *Maurach,* a. a. O. S. 167 f.; *Mezger,* a. a. O. S. 281; *Mezger-Blei,* a. a. O. S. 213; *Mühlhaus,* Ursächlichkeit, a. a. O.; ders. Tatbestand, a. a. O. S. 38 f.; *Münzberg,* a. a. O. S. 128 ff.; *Oehler,* Gefahrsetzung, a. a. O. S. 237 f.; *Petters-Preisendanz,* a. a. O. S. 30 f.; *Roxin,* Pflichtwidrigkeit, S. 411; ders. Literaturbericht. a. a. O. S. 214; *Salm,* a. a. O. S. 173 ff.; *Schönke-Schröder,* a a. O. § 59, Randnr. 159 ff.; *Seebald,* a. a. O.; *Spendel,* Unterlassen, a. a. O. S. 183; ders. c. s. q. n. a. a. O.; *Ulsenheimer,* Pflichtwidrigkeit, a. a. O.; ders. Pflichtverletzungen, a. a. O.; *Welzel,* Verkehrsdelikte, a. a. O. S. 20 f.; ders. Lehrbuch, a. a. O. S. 135 f.; *Wessels,* a. a. O.; *Wolff,* a. a. O. S. 25 ff.

[376] BGHSt 11, 1: Leitsatz Satz 1 (4. Senat).

[377] A. a. O. S. 7.

sierendes Erfahrungswissen nicht verzichten, das allerdings nicht als ‚Regel' formuliert zu werden braucht. Hilfsmittel dazu ist die Einführung einer *rechtlichen* Denkfigur: „verkehrswidriges" — bzw. „verkehrsgerechtes Verhalten", deren (systemabhängige) strittige dogmatische Einordnung in unserem Kontext nicht interessiert.

Material 2

„Allerdings steht der Bejahung der Ursächlichkeit die bloße gedankliche Möglichkeit eines gleichen Erfolges nicht entgegen; vielmehr muß sich eine solche Möglichkeit auf Grund bestimmter Tatsachen, die im Urteil mitzuteilen und zu würdigen sind, so verdichten, daß sie die Überzeugung von der an Sicherheit grenzenden Wahrscheinlichkeit des Gegenteils vernünftigerweise ausschließt"[378].

„Dem Angeklagten muß ... *die Ursächlichkeit seines schuldhaften Verhaltens* für den eingetretenen Erfolg nachgewiesen werden. Die Kernfrage dabei ist, welche Erfordernisse an den Nachweis des ursächlichen Zusammenhanges zu stellen sind ...[379]".

Es folgen Ausführungen zu § 261 StPO.

„Die zur Verurteilung notwendige Überzeugung des Tatrichters von der Ursächlichkeit des Täterverhaltens für einen Erfolg und demgemäß von seiner Schuld ..."[380].

Es folgen weitere Ausführungen zu § 261 StPO und der „zum Teil unter Aufgabe früherer Ansichten"[381] neueren Rechtsprechung des Bundesgerichtshofes.

Kommentar 2

Die Kontinuität des Kausalbegriffs wird insofern noch verbal aufrecht erhalten, als die materiell-rechtlichen Probleme der Rechtsfigur des „verkehrsgerechten" resp. „verkehrswidrigen" Verhaltens über den Wahrheitsbegriff in das Beweisrecht gespielt werden. Die Begründung ist allerdings möglicherweise inkonsistent, als einerseits S. 3 Nachweis der „Ursächlichkeit (des) schuldhaften Verhaltens"[382] verlangt, andererseits S. 6 aus „der Ursächlichkeit des Täterverhaltens für einen Erfolg" dessen „Schuld"[383] gefolgert wird.

---

[378] A. a. O. Leitsatz Satz 2.

[379] A. a. O. S. 3.

[380] A. a. O. S. 6.

[381] A. a. O. S. 6.

[382] Dies enspricht der Einengung des Objektbereichs für die Anwendung der conditio-sine-qua-non-Formel auf „verkehrswidriges Verhalten", das zumindest objektive Momente der Pflichtwidrigkeit enthält.

[383] Wohl im prozessualen Sinne verwendet und deshalb nicht näher analysierbar. Für eine Begriffsverschiebung spricht allerdings folgender Satz (a. a. O. S. 3): „Ein Erfolg ist nur dann schuldhaft verursacht, wenn er gerade durch dasjenige Tun oder Unterlassen herbeigeführt wird, das einen Vorwurf gegen den Täter begründet."

Material 3

„Ob sich der Verlauf, ‚jedenfalls in einzelnen Teilen', anders gestaltet hätte, ist gegenüber dem entscheidenden Todeserfolg *unerheblich*. Natürlich war die Fahrweise des Angeklagten eine Bedingung im mechanisch-naturwissenschaftlichen Sinn für den Tod des Radfahrers. Damit ist aber nicht gesagt, daß die in seinem Verhalten steckende Verkehrswidrigkeit ... für die Herbeiführung des Tötungstatbestandes gemäß § 222 StGB *im strafrechtlichen Sinne ursächlich* war. Das vom *Schuldgrundsatz* beherrschte Strafrecht begnügt sich nicht mit einer rein naturwissenschaftlichen Verknüpfung bestimmter Ereignisse, um die Frage nach dem Verhältnis zwischen Ursache und Erfolg zu beantworten. Für eine das menschliche Verhalten *wertende* Betrachtungsweise ist vielmehr wesentlich, ob die Bedingung *nach rechtlichen Bewertungsmaßstäben* für den Erfolg bedeutsam war. Dafür ist entscheidend, wie das Geschehen abgelaufen wäre, wenn der Täter sich rechtlich einwandfrei verhalten hätte. Wäre auch dann der gleiche Erfolg eingetreten oder läßt sich das auf Grund von erheblichen Tatsachen nach der Überzeugung des Tatrichters nicht ausschließen, so ist die vom Angeklagten gesetzte *Bedingung* für die Würdigung des Erfolges *ohne strafrechtliche Bedeutung*. In diesem Falle darf der ursächliche Zusammenhang zwischen Handlung und Erfolg nicht bejaht werden"[384].

Kommentar 3

Diese Passage enthält die ratio decidendi. Über einen *strafrechtlichen*, also normativen Ursachenbegriff werden vom „Schuldgrundsatz" abhängige *Wertungen* darüber eingeführt, *„ob die Bedingung (!) nach rechtlichen Bewertungsmaßstäben für den Erfolg bedeutsam war"*, ob „die vom Angeklagten gesetzte Bedingung für die *Würdigung* des Erfolges ... *strafrechtliche Bedeutung*" hat. Die ratio decidendi umfaßt *Adäquanzen* bzw. *Relevanzen, die aus der Bedingungstheorie nicht hergeleitet werden können*. Durch die Einführung einer juristischen Denkfigur[385] und Verlagern der Probleme in das Beweisrecht[385] wurde der Große Senat (§ 136 I GVG) umgangen.

Variation 3

Material

Es „kommt ... für die Frage, *ob die Pflichtwidrigkeit ... ursächlich war*, allein auf den Zeitpunkt ihrer Begehung und nicht auf den — hypothetischen — Zeitpunkt an, zu dem sich der Täter nach Herbeiführung vorher fehlender Voraussetzungen, also *nunmehr pflichtgemäß, ebenso hätte verhalten dürfen. Nichts anderes würde gelten, wenn dann zwar ein*

[384] A. a. O. S. 6 f.; Hervorheb. v. Verf.
[385] Vgl. Kommentar 2.

anderes Vorgehen geboten gewesen, hierdurch der Erfolg aber ebenfalls nicht vermieden worden wäre ..."[386].

Kommentar

Auch diese Entscheidung hält das Verfahren der conditio-sine-qua-non-Formel ein, geht aber durch die Einführung von das Objekt der Bewertung spezifizierenden Relevanzen über die Bedingungstheorie hinaus. Auf eine spezielle juristische Denkfigur wie auf die Verlagerung in das Beweisrecht (§ 261 StPO) wird verzichtet. Die Position des 4. Senats wird vom 2. Senat adaptiert.

Abschließende Würdigung

Chronologie

1. BGHSt 1, 332 ff.; 2. Senat.
2. BGHSt 3, 62 ff.; 2. Ferienstrafsenat.
3. 3. Strafrechtsänderungsgesetz.
4. BGHSt 11, 1 ff.; 4. Senat.
5. BGH VRS 21, 341 ff.; 4. Senat.
6. BGH VRS 24, 205 ff.; 4. Senat.
7. BGHSt 21, 1 ff.; 2. Senat.
8. BGH VRS 36, 36; 4. Senat.

Schlußkommentar

Die Einführung von Adäquanzen bzw. Relevanzen in die aktuelle[387] ratio decidendi liegt nach dem 3. Strafrechtsänderungsgesetz, mit dem die Haftung ohne Verschulden durch § 56 ausgeschlossen wurde[388]. Die Rechtsprechung des Bundesgerichtshofes impliziert seit BGH St 11, 1 ff. mehr als die Bedingungstheorie, ohne daß sich sagen läßt, sie habe irgendeine *bestimmte* Adäquanz- oder Relevanztheorie adaptiert. Sie führt — ähnlich wie die Entwicklung im Zivilrecht — aus praktischen Bedürfnissen von einem naturalistischen Kausalbegriff, wie er der Bedingungstheorie zu Grunde liegt, zu einem funktionalen Rechtsbegriff. Bei den Entscheidungsmaterien hätte die Schuld zu keiner Korrektur geführt, weil die Pflichtwidrigkeit des Verhaltens außer Zweifel stand[389]. Kausalität als Rechtsbegriff hat nach der

---

[386] BGHSt 21, 59 (61); 2. Senat. Zu dieser gleichfalls umstrittenen Entscheidung vgl. *Baumann*, Lehrbuch, a. a. O. S. 259 ff.; *Dreher*, Vorbem. a. a. O. B II 3 b vor § 1; *Hardwig*, a. a. O.; *Jescheck*, Lehrbuch, a. a. O. S. 387 f.; *Lackner-Maassen*, a. a. O. § 59 Anm. IV 2 a cc; *Mezger-Blei*, a. a. O. S. 214; *Schönke-Schröder*, a. a. O. § 59 Rdn 161 b.; *Ulsenheimer*, Pflichtverletzung, a. a. O.; *Welzel*, Lehrbuch, S. 135 f.; *Wessels*, a. a. O.

[387] Im Gegensatz zu der bloß hypothetischen bei BGH 1, 332 (334).

[388] Vgl. aber z. B. *Jescheck*, Lehrbuch, S. 193 zum Zivilrecht.

[389] Im Falle von BGHSt 11 ist z. B. gem. §§ 1, 49 StVO eine Geldstrafe verhängt worden (a. a. O. S. 2).

Rechtsprechung des BGH die *Funktion objektiver Zurechnung* der verwirklichten Gefahr der Pflichtwidrigkeit. Damit ist die Vorstellung eines vorrechtlichen Kausalbegriffs endgültig aufgegeben und die Lösung des Problems der objektiven Zurechnung von *rechtlicher Erfahrung* abhängig geworden. Die Tendenz geht in Richtung *materialer* Rechtspflegefunktionen, wie wir sie *dogmatisch* systemabhängig in Begriffen wie „materielles Delikt" oder „materielle Rechtswidrigkeit" und *rechtspolitisch* u. a. in der Erweiterung der Einstellungsmöglichkeiten (§§ 153 ff. StPO) vorfinden. Sie führt zu einer Erweiterung der *Sprach- und Sachkompetenz* der rechtsprechenden Gewalt gegenüber älteren Vorstellungen einer bloßen „Ausführung der Gesetze", der auch die modernen Gesetzgebungsverfahren weitgehend nicht mehr entsprechen. Die partielle Verlagerung in das Beweisrecht spiegelt in gewissem Sinne die Rollenverteilung zwischen Tatsachen- und Revisionsinstanz, und der Hinweis auf die „überragende Stellung, die das Gesetz der freien richterlichen Überzeugung einräumt"[390], zielt offenbar auf kontrollierte[391] problemnahe Entscheidung[392].

Der nächste Schritt ist folgerichtig der zur Verwirklichung ‚typischer Gefahr', denn die aufgestellten Pflichtwidrigkeitsmerkmale sind in diesem Sinne normativ determiniert. Dies ergibt sich bereits systemunspezifisch aus den erkenntnismäßigen Problemen der Praxis, weil im Recht regelmäßig nicht auf ‚Naturgesetze', sondern nur auf allgemeines Erfahrungswissen (‚Regeln') Bezug genommen werden kann. Die ‚Typizität' ist insofern zunächst eine empirische, die normativ durch *Rechtsetzung* und *Rechtsprechung* gestaltet werden muß. Die Gestaltung selbst ist notwendig eine rechtspolitische Aufgabe und kann dogmatisch systemabhängig sein.

§ 9
GEFAHRURTEILE

1. Der Untersuchungsgegenstand

Gegenstand unserer Untersuchung sind Gefahr*urteile* unter dem *Postulat möglicher Praxis.* Diese Beschränkung ist notwendig, weil die *gesetzlichen* Gefahrbegriffe systematisch zum Besonderen Teil des Strafrechts gehören[393]. Zu deren Klärung wären deshalb Spezialmonographien zu jeweils einem

---

[390] BGHSt 11, 1 (6).

[391] „Rechtliche Nachprüfung der Frage, ob der Tatrichter von zutreffenden Maßstäben für die Bildung seiner Überzeugung ausgegangen ist", a. a. O. S. 5.

[392] Vgl. zur Rollenverteilung BGHSt 7, 268 (270): „Die Vorschrift des § 267 StPO gebietet nicht, alle ... ins Gewicht fallenden Erwägungen im Urteil abzuhandeln." Dieser Satz normativiert u. a. die praktische Begrenztheit der Mitteilbarkeit von Erfahrungen.

[393] Vgl. z. B. entsprechend zu den gesetzlichen Versuchsbegriffen *Reinh. v. Hippel,* Versuch, a. a. O. S. 1 und öfter.

Tatbestand erforderlich, die ihrerseits mangels Legaldefinitionen[394] noch nicht einmal für einen Tatbestand inhaltsreiche allgemeingültige Definitionen bereitstellen können[395]. Ein durch Abstraktion zu gewinnender *allgemeiner* strafrechtlicher Gefahrbegriff kann schon deshalb nicht Ziel unserer Untersuchung sein. Die Frage muß vielmehr lauten: Welche methodischen Ansätze ermöglichen die Gewinnung *konkreter* Gefahrurteile in der Stufe der Einzelfallentscheidung?

2. Der Ausdruck ‚Gefahr'

In der Rechtssprache erscheint der Ausdruck ‚Gefahr' vielfach als Subjekt. So unterscheidet z. B. die Rechtsprechung „zwischen der ‚schon vorhandenen, ... unmittelbar immanenten und über dem bedrohten Objekt hängenden' auf der einen und der ‚noch gar nicht existenten oder doch entfernt vorliegenden' Gefahr auf der anderen Seite"[396].

Dieser Sprachgebrauch ist irreführend: Ein Schwert hing an einem Roßhaar über Damokles, nicht die Gefahr. Dieser ungemütliche Zustand kann als ‚gefährlich' und Damokles als ‚gefährdet' prädiziert werden[397].

Der Gebrauch des Substantives ‚Gefahr' ist eine Folge unserer Syntax, nach der „Verben Substantive vor sich haben müssen"[398]. Dieser sprachliche Sachverhalt führt — unterstützt durch den Gebrauch zahlloser Metaphern — dazu, daß „wir ... dauernd fiktive Täterwesen in die Natur hinein[398]" lesen. Folge dieses strukturell in den indogermanischen Sprachen angelegten „*Täter*-Schemas"[399] ist eine entsprechende Deutung der Welt: „Das Begegnende, das Wahrgenommene, wird als ‚Gegenstand' interpretiert"[399]. Diese Ideologie (im Sinne ursprünglicher Wortbedeutung) in unserer Sprache als Basis der Kultur führt zu einer unkontrollierten Begünstigung technischer Strategien. Durch die Doppeldeutigkeit des Wortes ‚ist': einerseits als ‚existiert' und andererseits als Copula, die als Bestandteil des logischen Urteils nichts über die reale Existenz aussagt[400], erscheinen die ‚Gegenstände' als nicht nur sprachlich verfügbar. Die aufgezeigten gravierenden Abweichungen zwischen den Notwendigkeiten strafrechtlicher Praxis und denen eines ‚gegenständlichen' Kausalbegriffs sind dafür symptomatisch.

---

394 Vgl. z. B. RG 10, 173 (176); BGH 18, 271 (272).

395 Vgl. z. B. BGH 18, 271 (272); *Dreher* u. *Welzel*, in: Niederschriften, Bd. VIII S. 380, 383, 418, 421.

396 BGH 18, 271 (273).

397 Gleichfalls sinnlos ist z. B. die Definition in der *Brockhaus-Enzyklopädie* (gleichlautend: Der *Große Brockhaus*): „Ein die → Sicherheit bedrohendes Ereignis". 1. Ein „bedrohendes Ereignis" ist lediglich eine Metapher; 2. „bedrohte Sicherheit" ist „Unsicherheit". Im Widerspruch zu der Definition von „Gefahr" heißt es dagegen im *Großen Brockhaus* unter dem Verweisungsstichwort „Sicherheit": „Ein Bedürfnis ...". Sein und Bewußtsein werden durch die Verweisung gleichgesetzt.

398 *Whorf*, a. a. O. S. 44.

399 *Wein*, a. a. O. S. 129 und öfter.

400 Vgl. z. B. *Eisler*, a. a. O. Stichwort „Copula".

Die Konsequenzen sprachlicher Strukturen als unkontrollierte Deutungen hat z. B. *Wein* folgendermaßen beschrieben:

> „Jede Sprache ist eine ‚vorläufige' Ausdeutung der Wirklichkeit, welche die Tendenz besitzt, sich für die endgültige zu halten. Das ist es, was sich realiter ereignet bei der Begegnung von menschlichem Denken — und Sprechenkönnen mit der Wirklichkeit... Damit, daß die Ausdeutung der Wirklichkeit... eine ‚vorläufige' genannt wird, ist implicite gesagt, daß jene ‚Begegnung' immer eine geschichtliche ist. Die Tendenz, sich für endgültig, das heißt zugleich für die einzig richtige und die zureichende Ausdeutung zu halten, bedeutet die *Un*bewußtheit über diese Geschichtlichkeit. Eben diese ‚Unbewußtheit' macht selber Geschichte: das ist, in Whorfs Terminologie, ‚die Entschlossenheit, die Analyse der Realität (nämlich durch die *eigene* Sprache!) für endgültig zu halten. Die Welt-Ausdeutung durch die eigene Sprache ist nicht ‚aeterna veritas' — aber sie wird dafür *gehalten*"[401].

Es ist nicht weiter erstaunlich, daß dieser Sachverhalt auch in der Rechtssprache nachweisbar ist. Gerade bei der praxisbezogenen Verwendung lassen sich sehr komplizierte Gemenge von Deutungen nachweisen, die einerseits von der Sprache und andererseits von der Erfahrung determiniert sind. Dies soll im folgenden an zwei Sätzen aus einer Urteilsanmerkung exemplifiziert werden:

> „Gefahr bedeutet... drohendes Übel; sie liegt vor, wenn mehrere, aber noch nicht alle Bedingungen für den Eintritt eines Schadens gegeben sind. Objektiv wird dadurch der Schadensfall zwar nicht nähergerückt; nach dem menschlichen Vorstellungsvermögen nimmt aber mit der Herbeiführung einer Gefahr die Wahrscheinlichkeit eines Schadenseintrittes greifbare Formen an"[402].

Diese symptomatische Stelle ist eine genauere Analyse wert. Das Zitat beginnt mit einer definitorischen Gleichsetzung: Gefahr — drohendes Übel. Übel ist Subjekt im Sinne des Täterschemas: es droht (anthropomorphes Prädikat). Durch die pseudopassivische Wendung „liegt vor" wird das Subjekt quasi objektiviert und damit verfügbar gemacht. Damit ist die Voraussetzung für eine scheinbar rational-objektive Bestimmung geschaffen: „Wenn mehrere[403], aber noch nicht alle[404] Bedingungen[405] für den Eintritt eines Schadens[406] gegeben[407] sind." Die Objektivierung des ‚Täters' wird an-

[401] A. a. O. S. 129.

[402] *Dahs*, in NJW 55, 1448 (1449).

[403] Vortäuschen einer Quantifizierung. Weshalb soll *eine* Bedingung nicht genügen? Was ist eine „Bedingung"?

[404] Vortäuschen einer negativen Quantifizierung: weshalb nicht auch ‚alle Bedingungen', wenn der Erfolg dennoch, und sei es „durch einen glücklichen Zufall" (a. a. O.), vermieden wird?

[405] Der schwierige Kausalbegriff wird damit undefiniert eingeführt.

[406] Erneutes Täterschema: Der Schaden „tritt ein".

[407] Pseudoobjektivierung des ‚Täters' durch Verwendung des Passivs.

schließend wieder ausgeräumt[408] und zugleich als neues Subjekt „der Mensch" als Pseudogattungsbegriff eingeführt, nebst seinen Erkenntnisschwierigkeiten.

Auch im folgenden sind die Ausführungen nicht konsistent, denn es werden sowohl der Gedanke der ‚überwiegenden Wahrscheinlichkeit'[409] wie der des „Eingreifens schadensverhütender Faktoren"[409a] eingeführt. Übereinstimmung besteht lediglich darin, daß bei jeder dieser Wendungen eine ‚irgendwie'[410] reale Beziehungen zwischen Gefahr und *Verletzungs*erfolg angenommen wird.

Diese Beziehung ist tatsächlich das Kernproblem der Praxis bei den Gefahrurteilen. Um die weitere Untersuchung nicht unkontrolliert weiter zu präjudizieren, müssen zunächst noch einige sprachliche Verwicklungen geklärt werden.

Der substantivische Ausdruck ‚Gefahr' wurde bereits durch die Prädikation: ‚gefährliche Situation' ersetzt. Der einfachste Satz, der diesen Ausdruck enthält, ist:

‚Diese Situation ist gefährlich'.

1. Dieser Satz enthält insofern keine auf die Probleme der Praxis bezogen ausreichende Aussage, weil nicht angegeben ist, *wofür* die Situation gefährlich ist. Dogmatisch formuliert: es fehlen Angaben über Rechtsgut, Angriffsobjekt usw., Probleme, die sowohl für die Rechtsetzung (z. B. abstraktes oder konkretes Gefährdungsdelikt) wie die Rechtsprechung (z. B. Annahme einer konkreten Gefahr) von zentraler Bedeutung sind.

2. Der aufgestellte Satz ist zweideutig, denn der Ausdruck ‚ist' kann sowohl ontologisch wie als bloße Copula gedeutet werden. Die sprachliche Prädisposition zu einer ontologischen Deutung durch das ‚Täterschema' wird sofort gesteigert, wenn in beliebiger Weise angegeben wird, wofür die Situation gefährlich ist[411].

§ 10
GEFAHRURTEILE UND PRAXIS

1. Der Gefährdungserfolg

Ein Relatum des strafrechtlichen Gefahrurteils ist die festgestellte Situation, die als gefährlich prädiziert wird. Diese Situation ist innerhalb eines

[408] „Objektiv ...".

[409] A. a. O. zu BGH NJW 55, 1329 f.

[409a] A. a. O. zu BayObLG in NJW 54, 1258 (1259).

[410] Sei es ‚objektiv' (Satz 1) oder ‚subjektiv' (Satz 2).

[411] Auf Nachweise muß verzichtet werden, weil die veröffentlichten Entsch. regelmäßig Revisionsurteile sind, in denen die Feststellungen der Tatsacheninstanz nur sehr verkürzt wiedergeg. werden. Wohl kommen sehr allgemein gehalt. hypoth. Begr. vor, die sich aber auf § 267 StPO beziehen; vgl. z. B. BGH 8, 28 (33).

gesetzlichen Gefahrbegriffs ein strafrechtlich bedeutsamer Erfolg[412], der vom Täter ‚herbeigeführt' sein muß. Für die Kausalitätsfragen als Problem objektiver Zurechnung kann mangels Besonderheiten auf die Ausführungen zu den Kausalitätsurteilen verwiesen werden.

2. *Das Bewertungsobjekt*

Die strafrechtliche Zurechnung hat die Form assertorischer Urteile. Problematische Urteile scheiden aus, weil sie nur eine hypothetische oder konditionale Verurteilung erlaubten, die in Beziehung auf Rechtskraft und Vollstreckung sinnlos wäre. Apodiktische Urteile sind aus den im Zusammenhang mit § 261 StPO erörterten Gründen nicht möglich, denn „absolute Gewißheit" kann regelmäßig im Strafprozeß nicht produziert werden.

Erfolg als Gegenstand assertorischer Urteile kann im Strafrecht immer nur ein statisches Bewertungsobjekt sein, denn trotz der elementaren Funktion der subjektiven Überzeugung der Richter bei der Beweiswürdigung ist eine Imputation zukünftiger Ereignisse unzulässig. Dieser Rechtsgrundsatz ist so selbstverständlich, daß er nur selten ausgesprochen wird. So heißt es z. B. in einer Entscheidung des Reichsgerichts:

> „Solange der vom Gesetz geforderte Erfolg noch nicht zur Thatsache geworden ist, fehlt es am Thatbestande ... auch würde — selbst die unfehlbare Sicherheit einer vorherigen Bestimmbarkeit des Erfolges angenommen — vor dessem wirklichem Eintritte immer noch die Möglichkeit gegeben sein, daß derselbe durch vorgängige andere Ereignisse, wie etwa den Tod des Verletzten, vereitelt oder dessen Herbeiführung durch anderweitige selbständige Einwirkungen bewirkt, somit auch die Zurechnung ... dem Thäter gegenüber ausgeschlossen werde".[413]

Gerade für die Gefährdungstatbestände sollte dieser Grundsatz selbstverständlich sein, denn erst die Nichtzurechenbarkeit einer Verletzung[414] hat — durchaus analog zu den Versuchstatbeständen — zur Vorverlagerung der Schutzgrenze geführt. Deshalb ist die Einführung einer hypothetischen oder konditionalen Verletzung *in den Erfolg* und damit die Aufstellung eines *ontologischen* Gefahrbegriffs[415] bereits positivrechtlich ausgeschlossen. Die als tatbestandsmäßiger Erfolg zuzurechnende Gefährdung muß deshalb unter Ausschluß einer wie auch immer gearteten ontologisch möglichen oder

[412] Vgl. *Reinh. v. Hippel,* Vorsatzprobleme, a. a. O. S. 448; Versuch, a. a. O. S. 17.

[413] RG 14, 4 (5 f.) zu § 224 StGB; vgl. weiter z. B. *Olshausen,* a. a. O. Nr. 12 zu § 224 mit weiteren Nachweisen.

[414] Zumindest bei den korrespondierenden Vorsatzproblemen längere Zeit verkannt; Nachweise b. *Reinh. v. Hippel,* Vorsatzprobleme, a. a. O., inzwischen von der Rechtsprechung korrigiert mit der E BGHSt 22, 67.

[415] Von dessen mangelnder Praktikabilität ganz abgesehen.

wirklichen[416] Verletzung als gefährlich prädiziert werden. Der Ausdruck ‚ist' in dem Satz:

‚diese Situation ist gefährlich'

hat deshalb nur die Funktion einer Copula. Zur Verdeutlichung soll deshalb der Satz insofern eindeutig formuliert werden:

‚Diese Situation gilt — und zwar im Sinne des gesetzlichen Gefahrbegriffes A — als gefährlich.'

Ein strafrechtlicher Gefahrbegriff wird deshalb ontologisch nahezu immer eine Fiktion sein. Für die normative Steuerung von Verhaltensformen ist diese unentbehrlich, sobald eine Kultur über Gegenstände wie Sprengstoffe, Gifte, radioaktive Substanzen, Straßenverkehr usw. verfügt. Wie noch zu zeigen sein wird, schließt sie auch konkrete Gefahrurteile keineswegs aus.

3. Probleme der Aufstellung gesetzlicher Gefahrbegriffe

Im folgenden soll keine dogmatische Klassifikation von Tatbestandsmerkmalen versucht werden. Die entsprechenden Begriffe sind allgemein bekannt, während über ihre Zulässigkeit erst in sekundären, d. h. *dogmatisch* erklärenden Systemen entschieden wird[417]. Gegenstand unserer Untersuchung ist vielmehr, welche Möglichkeiten der Gesetzgebung zur Verfügung stehen, hinreichend bestimmte Deliktsbegriffe (Art. 103 II BGG) aufzustellen.

Eine ausreichende Beeinflussung der Häufigkeitsverteilung bestimmter unerwünschter Verhaltensweisen und/oder Erfolge durch *realdeskriptive* Deliktsbegriffe ist jedenfalls in einer hochgradig komplexen Gesellschaft nicht möglich. Wie weit in elementaren Gesellschaften das Deskriptionsmodell, wie wir es z. B. in den Gesetzen der Langobarden mit der Unterscheidung des Ausschlagens eines Backen- bzw. Schneidezahns kennen, tatsächlich durchgeführt worden ist, mag offenbleiben. Für unsere Rechtskultur wird die Deskriptionsthese[418] implizit bereits durch die intensive Diskussion von Auslegungsfragen ausgeschlossen, so weit „ergänzende Wertungen", „Zweckmomente", „Entscheidungsspielräume" etc. zugestanden werden[419]. Bereits die Ausführungen zur Privilegierung von Sprachbenutzern sind insofern für den weiteren Text präklusiv. In diesem Zusammenhang mag deshalb der Hinweis genügen, daß die aus unabweisbaren Bedürfnissen der Praxis notwendige Preisgabe des Auslegungsverbotes[420, 421] historisch eine Vor-

[416] Vgl. z. B. BGH 8, 28 ff.

[417] Z. B. sind „negative Tatbestandsmerkmale" unvereinbar mit *Welzels* ontologischer Unrechtslehre.

[418] Vgl. insbesondere *Schreiber*, a. a. O. S. 81; dagegen z. B. *Fiedler*, Schreiber, a. a. O. S. 515, *Reinh. v. Hippel*, Versuch, a. a. O. S. 21 f. N. 154.

[419] Ausführliche Darstellung des Problems der Rechtsgewinnung bei *Kriele*, a. a. O. mit umfangreicher Bibliographie.

[420] Vgl. z. B. bei *Rob. v. Hippel*, Strafrecht I, a. a. O. S. 275 ff. zur Gesetzgebungsgeschichte; S. 276 N. 4 zum Corpus Iuris Fridericiani von 1749/51; S. 296 zu *Quistorp*.

[421] Historisch bedeutsam u. a.: Abwehr gemeinrechtlicher Richterwillkür; auf-

aussetzung für die heutige verfassungsrechtliche Stellung der Jurisdiktion als eigene Staatsgewalt[422] ist. Das Bestimmtheitsgebot des Artikels 103 II GG wird insofern bereits durch Artikel 20 II GG verfassungsrechtlich relativiert. Dem entspricht unsere Gesetzgebungsmethodik, Wertentscheidungen in Quasideskriptionen auszudrücken[423], bei deren Auslegung ein logischer und axiologischer Regreß auf die „ratio legis" nötig ist. Die Praktikabilität der Gesetze wird insofern mit einem kontrollierten Maß an Rechtsunsicherheit erkauft. Zum Teil dienen dogmatische Kontroversen[424] oder Distinktionen[425] dazu, deren Folgen zu kontrollieren.

Die praktisch entscheidende Lücke in unserer Strafrechtsordnung entsteht erst daraus, daß eine Überprüfung und gegebenenfalls Korrektur der durch die Rechtsprechung geschaffenen Rechtswirklichkeit seitens der Legislative[426] mangels ausreichender Gewinnung und Verarbeitung rückläufiger Informationen zu gering ist. Das vom Bundesministerium der Justiz geplante juristische Informationssystem mit Hilfe elektronischer Datenverarbeitung könnte die notwendigen Voraussetzungen nicht nur für größere Einheitlichkeit der Rechtsprechung, sondern auch für eine stärkere Folgenkontrolle durch die Legislative schaffen.

Die Konstruktionsmittel gesetzlicher Gefahrbegriffe sind durchaus konventionell: Erfolgstatbestand, Handlungstatbestand, zu weite Handlungstatbestände einschränkende Pflichtwidrigkeitsmerkmale[427]. Ihre Funktionen verschieben sich aber weitgehend gegenüber denen bei Verletzungs- oder Begehungstatbeständen durch abweichende Beziehungen zur Erfahrung.

§ 11
MODELLANALYSEN

1. Verletzungserfolgstatbestände
Modell 1: §§ 212, 222 StGB

Die Ausdrücke „Tod" und „Mensch" sind *regelmäßig* als quasi natürliche

---

klärerischer Optimismus (*Spinoza,* Ethica more geometrico, 1677 posth. ersch.), z. T. in Verbindung mit metaphysischer Spekulation (*Leibniz:* Verbindung von Mathematik mit dem Gedanken einer prästabilierten Harmonie); Lehre von der Verbalinspiration (z. B. *Thibaut,* a. a. O. § 10) usw.

[422] Art. 20 II BGG; vgl. dazu z. B. *Klein* in *Mangoldt-Klein,* a. a. O. S. 599; *Wernicke,* in BK, Erläuterung II 2 g zu Artikel 20.

[423] Vgl. dazu z. B. schon *Radbruch,* a. a. O. S. 166 und *Grünhut,* a. a. O. S. 8.

[424] Z. B. Schuld- oder Vorsatztheorie.

[425] Z. B. delicta per se — delicta mere prohibita.

[426] Analyse eines Versuchs dazu bei *Reinh. v. Hippel,* Individualgefahr, a. a. O. S. 378 ff.

[427] Als gesetzliches Kodifikationsmittel gegenüber der Frage unspezifisch, ob ein dogmatisches System von der Pflichtwidrigkeit (Aktunwert) oder dem Erfolg (Erfolgsunwert) her aufgebaut werden soll.

Begriffe unproblematisch[428]. Erst an der Peripherie des Deliktsbegriffes zeigt sich, daß es sich um Rechtsbegriffe handelt:

1. Ist ein von Menschen gezeugtes und geborenes Lebewesen, das nur mit einem Stammhirn ausgestattet ist, ein Mensch?
2. Wann ist ein menschlicher Körper tot und darf ihm ein unpaariges lebenswichtiges Organ entnommen werden?

Beide Fragen sind überhaupt nur in einer weitgehend von Wissenschaft determinierten Kultur möglich und müssen durch Bildung einer Konvention — z. B. durch Gesetzgebung oder Rechtsprechung als verbindlich promulgierte Interpretation, etwa als Unmöglichkeit der Feststellung abgeleiteter Aktionsströme des Zentralnervensystems, gelöst werden. Im *Regelfall* gilt dagegen der Satz: Nichts ist endgültiger als der Tod.

Aber auch die Handlungstatbestände derart strukturierter Delikte werden erst durch wissenschaftliche Erfahrung[429] problematisch. „Totschlag"[430] oder „Körperverletzung"[431] sind in Zusammenhang mit Gattungsbegriffen einfacher Kulturen wie „Keule" oder „Wunde" bereits in der Umgangssprache sinnfällig, nicht dagegen „Körperverletzung durch seelische Einwirkung"[432]. Trotzdem bleibt die Lösung der letzten Variante im Grundschema: Ein Herzanfall ist mit wissenschaftlichen Mitteln genau so eindeutig festzustellen wie eine Wunde, und die Rückbeziehung des Erfolges auf die Handlung entspricht der üblicher Kausalurteile per analogiam: ‚Die Nachricht vom Tode des Ehegatten ist erfahrungsgemäß geeignet, den Empfänger aufzuregen. Aufregung ist bei Herzkranken generell geeignet, einen Anfall auszulösen. Der Nachricht folgte ein Herzanfall, also ist dieser objektiv zuzurechnen'[433].

Modell 2: § 263

„Vermögensschaden" schließt gegenüber den im Modell 1 genannten Ausdrücken ein „natürliches" Verständnis von vornherein aus. Ohne wirtschaftliche Betätigung in rechtlichen Kontexten würde ein solcher Begriff niemals entwickelt. Seine Schwierigkeiten gehen auf wirtschaftlichen und rechtlichen Erfindungsreichtum zurück, die zu ständiger Ausdehnung des Betrugstatbestandes[434] führen. Die Lösungen sind lediglich mittelbar durch kriminalpolitische Motivationen von der Erfahrung beeinflußt und der Methode nach rein normativ. Auch kompliziertere Modelle dieser Art sind deshalb für unsere Untersuchung unerheblich.

---

[428] Zweifelhaft mag die objektive („verursacht") und/oder subjektive („durch Fahrlässigkeit") Zurechnung sein.

[429] Dieser Ausdruck muß ungedeutet bleiben.

[430] Überschrift zu § 212.

[431] Überschrift zu § 223, Text des § 230.

[432] *LG Aachen* in NJW 50, 759.

[433] Vgl. *LG Aachen*, a. a. O.

[434] Vgl. auch insbesondere die Rechtsprechung zu § 266 usw.

Modell 3 a: § 224

„Amputation“[435], „Blindheit“, „Taubheit“, „Stummheit“, „Zeugungsunfähigkeit“ sind ebenso quasinatürliche Begriffe wie „Tod“ und „Mensch“ (vgl. Modell 1).

Modell 3 b: § 224

Demgegenüber besteht bei der Alternative „in Geisteskrankheit verfällt“ die Gefahr, bereits bei der Bestimmung eines *Verletzungserfolges* an unlösbaren Erkenntnisproblemen zu scheitern. Der Begriff „Geisteskrankheit“ ist

1. möglicherweise ein technischer, jedenfalls ein rechtlicher, keineswegs quasinatürlicher, inhaltlich aber von wissenschaftlicher Erfahrung abhängiger;
2. im Gegensatz zu „Tod“ oder „Amputation“ kein gleichsam absoluter, d. h. Irreversibilität implizierender[436] Begriff.

Beide Besonderheiten des Begriffs „in Geisteskrankheit verfallen“ in § 244 StGB sind insofern interdependent, als die „Diagnose“ als Klassifikation je nach methodischem Verständnis eine Prognose über den Verlauf der psychischen Störung einschließt. Dies könnte zu schwerwiegenden Erkenntnisproblemen und über die in-dubio-Regel zu einer durchgehenden Unanwendbarkeit des Tatbestandes führen. Diese Schwierigkeiten werden keineswegs bereits dadurch ausgeräumt, daß nach der ratio legis der Ausdruck „Geisteskrankheit“, der aus § 193 Pr. StGB von 1851 übernommen worden ist[437], keineswegs nur Psychosen im Sinne bestimmter psychiatrischer Schulen umfaßt[438]. Die prognostischen Probleme werden damit lediglich von dem Merkmal „Geisteskrankheit“ zu dem des „Verfallens“ verlagert. Die (erhebliche) Beeinträchtigung der psychischen und/oder intellektuellen Funktionen kann dann zwar durch Explorationen usw. festgestellt werden, es wird aber fraglich, ob das Opfer in so weit in Geisteskrankheit „verfallen“ ist.

Die Rechtsprechung hat die prognostischen Schwierigkeiten mit normativen Mitteln ausgeräumt.

1. Sie bezieht den Ausdruck „verfallen“ zunächst einmal teleologisch auf die Wendung „in erheblicher Weise“, indem sie verlangt, der Zustand müsse „chronisch“ sein[439]. Dadurch werden Folgen als tatbestandsmäßige Qualifi-

---

[435] Vgl. RG 3, 33 (34): Argumentation mit dem „gewöhnlichen Sprachgebrauch“ und der Absicht des Gesetzgebers, „einfache und klare Bestimmungen“ zu setzen. Ob die Ausführungen auf kriminalpolitische Überlegungen oder naive Spracherfahrungen zurückzuführen sind, kann nicht entschieden werden.

[436] Das gilt übrigens heute zum Teil auch für die unter dem Modell 3 a aufgezählten Begriffe: Annähen abgetrennter Glieder, Hornhaut-Transplantation, Einsetzen eines künstlichen Trommelfelles usw.

[437] Vgl. dazu auch RGSt 44, 59 (60).

[438] Unzutreffend die Verweisung von *Schaefer* in LK a. a. O. II C zu § 224 auf II 8 a zu § 51 (*Mezger*) in LK.

[439] Vgl. insbes. RG 44, 59 (60); 72, 345 (346).

zierung ausgeschlossen, die zwar für sich genommen durchaus gravierend sind, aber nicht als Zäsur in der Biographie des Opfers erscheinen[440].

2. Bei der Qualifikation als „erheblich“ ist danach sowohl auf den Zustand als solchen, wie auch dessen biographisch-kontextuelle Bedeutung abzustellen. Das letzte Moment kann zwangsläufig nicht rein individuell-konkretisierend bestimmt werden, weil niemand sinnvolle Aussagen dieser Art überhaupt machen kann. Die Rechtsprechung hat deshalb der Entscheidung darüber, was rechtens als relevante Qualifikation gelten soll, gerade die Erkenntnisprobleme selbst zu Grunde gelegt:

> „ausgeschieden werden ... alle diejenigen Fälle, in denen nur *vorübergehende* Störungen des Geistes eingetreten sind, in denen es nämlich gewiß ist, daß in *absehbarer* Zeit die augenblicklich vorhandene Krankheit des Geistes wieder beseitigt sein werde. Hat innerhalb eines längeren Zeitraums die gekennzeichnete *Ungewißheit*[440a] bestanden, ob und wann Heilung möglich sei, *dann muß anerkannt werden*[440a], daß der Zustand des ‚Verfallens in Geisteskrankheit‘ *eingetreten* war“[441].

Danach ist die prognostische *Ungewißheit* selbst das entscheidende Relevanzkriterium[442]. Dementsprechend stellt das RG mit dem letzten Satz auch keine praesumptio iuris oder Beweislastregel auf, sondern entscheidet über den Geltungsumfang eines Rechtsbegriffs. Bei der Entscheidung der Tatfrage, ob „Ungewißheit“ besteht oder bestanden hat, gilt selbstverständlich § 261 StPO und die in-dubio-Regel.

Das Modell ist aus zwei Gründen für die Gefahrurteile wichtig:

1. Die Ungewißheit ist in diesem Kontext entscheidendes Relevanzkriterium.
2. Sie ist auch dann relevant, wenn sie nur in der Vergangenheitsform ausgesagt werden kann[443].

Danach kann — auch vergangene — Ungewißheit für rechtliche Erfolgsbegriffe konstitutiv sein. Diese Konfiguration bei einer Erfolgsqualifizierung findet dadurch ihre Erklärung, daß der Strafschärfung bei § 224 StGB nicht schlechthin der Gedanke zugrundeliegt, alle besonders schweren Körperverletzungen schärfer zu ahnden[444], sondern nur diejenigen, die *erfahrungsgemäß* für die weitere Lebensführung Konsequenzen haben. Dazu reichen *typische* Folgen der Ungewißheit aus: z. B. Beeinträchtigung der Planung

---

[440] Vgl. dazu 1.: die anderen Qualifikationsmerkmale; 2.: RG 44, 59 (61); 3.: *Schaefer*, a. a. O., letzter Satz.

[440a] Hervorhebungen v. Verf.

[441] RG 44, 59 (61).

[442] Vgl. dazu die Deutung des erfolgsqualifizierten Delikts als (substantielles) Gefährdungsdelikt bei *Oehler*, Erfolgsqualifizierung, a. a. O. S. 503 ff.

[443] Vgl. außer den bereits zitierten Sätzen („bestanden“, „eingetreten war“) auch die ratio decidendi von RGSt 44, 59: die „Geisteskrankheit“ braucht zur Zeit der Hauptverhandlung nicht mehr fortzudauern.

[444] § 224 StGB enthält keine Regelbeispiele, sondern eine abschließende Enumeration.

des Lebensentwurfs, länger dauernde subjektive Unsicherheit, die nicht objektiv widerlegt werden kann usw. Die Erklärung dafür bietet das *Thomas-Theorem*[445]: Wenn biographisch nicht triviale Entscheidungen unter Ungewißheit getroffen werden, muß vielfach eine nicht eindeutige Situation als real definiert werden, die dann reale Konsequenzen hat.

Beispiel: Es ist ungewiß, ob und wann der infolge einer Körperverletzung „Geisteskranke" A geheilt werden kann. A oder andere Personen werden seine „Geisteskrankheit" für die Entscheidung etwa über Berufsausbildung, Heirat, usw. auf Grund der Definition: „fortdauernd geisteskrank" treffen. Diese Entscheidungen haben für die weitere Biographie unter Umständen endgültige Konsequenzen.

Die Ausgestaltung der Alternative „Geisteskrankheit" in § 224 StGB durch Gesetz und Rechtsprechung als Erfolgsqualifizierung durch „Ungewißheit" ist sachlich richtig, enthält aber eine Formalisierung materieller Probleme. Bei konsequenter Durchführung eines materiellen Deliktsbegriffes würde diese Alternative des § 224 StGB als Verletzungsdelikt inpraktikabel, weil die primären Folgen regelmäßig erst zu einem für die Hauptverhandlung zu späten Zeitpunkt entstehen[446]. Die Ausgestaltung als Gefährdungsdelikt führt ebenfalls zu beträchtlichen Schwierigkeiten[447]. Deshalb ist zwar die *Enumeration* der Erfolgsqualifizierung durch die Möglichkeit solcher materiell primärer Folgen motiviert, die Typisierung arbeitet aber mit gröberen Merkmalen sekundärer Art. Diese sind für den rechtlichen Deliktsbegriff konstitutiv, der dadurch praktikabel ist.

2. *Gefährdungserfolgstatbestände*

Die bei § 224 StGB nachgewiesene Funktion der „Unsicherheit" im Aufbau des strafrechtlichen Erfolgsbegriffs ist für Verletzungsdelikte ungewöhnlich. Für Gefahrbegriffe dagegen ist sie das allgemeinste Element überhaupt.

Modell 1: § 306 Ziff. 2, 3

Der Erfolg einfacher (§ 308 StGB) wie schwerer (§ 306 StGB) Brandstiftung wird mit „in Brand setzen" bezeichnet. Die Angriffsobjekte in Ziff. 2 des § 306: „Gebäude", „Schiffe", „Hütte" sind in der Enumeration des § 308 ebenso enthalten, wie die „Räumlichkeiten" des § 306 Ziff. 3 StGB. Das Qualifizierungsmoment der Ziff. 2 und 3 des § 306 StGB besteht in *typisierter Unsicherheit:*

Ziff. 2: „welche zur Wohnung von Menschen dienen";

Ziff. 3: „welche zeitweise zum Aufenthalt von Menschen dient, und zwar zu einer Zeit, während welcher Menschen in derselben sich aufzuhalten pflegen."

---

[445] Vgl. *Merton*, a. a. O. S. 421.

[446] Abgesehen von den logischen Schwierigkeiten der counterfactuals, vgl. dazu insbes. *Goodman*, a. a. O. und *Stegmüller*, Conditio, a. a. O.

[447] Hypothetische Biographien müßten miteinander verglichen werden!

Diese Unsicherheit bezieht sich auf den Aufenthalt von Menschen innerhalb des Brandstiftungsobjektes während[448] der Tatzeit. Damit wird ein weiteres Rechtsgut eingeführt, das aber nicht im Angriffsobjekt konkret enthalten zu sein braucht. Sprachlich wird dies durch die Wörter „dient" und „pflegen" ausgedrückt[449]. Da die Verletzung oder Gefährdung von Menschen nicht zum Tatbestand gehört, handelt es sich bei § 308 Ziff. 2 und 3 nicht um eine Erfolgsqualifizierung. Das gesetzgeberische Motiv (etwa: ‚Schutz von Leib und Leben') ist in den Voraussetzungen des Rechtswidrigkeitsurteils nicht konkret enthalten, obwohl der Aufenthalt von Menschen in den in Brand gesetzten Objekten ohne überdurchschnittliche Schwierigkeit nachgewiesen werden könnte. § 306 Ziff. 2 und 3 sind deshalb *abstrakte* Gefährdungstatbestände[450].

Diese Konstruktion, deren kriminalpolitische Notwendigkeit in unserem Zusammenhang offenbleiben kann, ist insofern gesetzgeberisch verständlich, weil der Täter regelmäßig die Unsicherheit nicht ausschließen kann, seine Einlassung aber, er habe sich vergewissert, daß kein Mensch in dem in Brand gesetzten Objekt gewesen sei, häufig zu unerwünschtem Ausschluß des Vorsatzes führen würde. Die Hilfskonstruktion eines „Gegenbeweises"[451], „daß in concreto eine Gefährdung ausgeschlossen war", ist mit unserem Strafprozeß unvereinbar. Sie führt zwar in Übereinstimmung mit den Tendenzen der Strafrechtsreform zu einer Materialisierung des Deliktsbegriffs, der aber als geltendes Recht immer noch hinsichtlich der Qualifizierung formalisiertes Unrecht typisiert.

Wohl ist eine restriktive Auslegung durch Regreß auf die „Unsicherheit" als ratio legis möglich, nach der gelegentlich die typische „Unsicherheit" fehlt, z. B. weil „durch die Abwesenheit die tatsächliche Benutzung des Gebäudes zum Wohnen aufhört"[452]. Daß es sich dabei dogmatisch lediglich um eine Auslegung des Merkmals „zur Wohnung ... dienen" handelt, zeigt noch deutlicher eine andere Entscheidung[453], nach der die Wohnungsaufgabe „äußerlich erkennbar als vollzogene Tatsache in Erscheinung getreten" sein muß. Die Tatsache, daß sich zur Tatzeit trotzdem z. B. Makler, Kaufaspiranten, Landstreicher im Gebäude aufhalten können, begründet lediglich delikts*un*typische Unsicherheit[454].

Modell 2: § 223 a, 4. Alternative StGB

Der Deliktsbegriff „Körperverletzung ... mittels einer das Leben gefährdenden Behandlung" wurde ausgewählt, weil bei ihm zweifelhaft sein kann,

---

[448] Brandstiftung ist insofern Dauerdelikt, arg. § 310 StGB.

[449] Vgl. RG 23, 102 (103).

[450] Allgemein anerkannt, vgl. z. B. *Schönke-Schröder*, a. a. O. Randnr. 2 zu § 306.

[451] *Schönke-Schröder*, Randnr. 2, 14 zu § 306.

[452] RG DReZ 25 (1933), S. 684 Nr. 767.

[453] RG 60, 136 (137).

[454] Bei einer *Verletzung* kommen §§ 222, 230 in Betracht.

ob das Merkmal „lebensgefährdend" zum Handlungs- oder Erfolgstatbestand gehört. Grammatikalisch ist der Satzteil „mittels ... einer das Leben gefährdenden Behandlung" eine adverbiale Bestimmung des Verbs „ist begangen". Diese Konstruktion ist durch den Gebrauch des Passivs bemerkenswert, weil dadurch Subjekt des Satzes nicht der Täter[455], sondern der Erfolg („die Körperverletzung") ist. Dieser wird syntaktisch durch das Verb und dessen adverbiale Bestimmung prädiziert. Dies drückt auch die (rechtlich unverbindliche) Überschrift: „Gefährliche Körperverletzung" aus. Die *sprachliche* Beziehung auf „die Körperverletzung" entscheidet allerdings nicht zwingend bereits über die dogmatische Zuordnung zum Erfolgstatbestand, sondern lediglich zum Unrecht. Dem gegenüber sind die §§ 224 („zur Folge"), 226 („verursacht") eindeutig. Sie sind schon deshalb unproblematisch, weil sie qualifizierende Verletzungserfolge typisieren, die als „kausal" zugerechnet werden.

Die Qualifizierung des § 223 a ist dagegen eine — abstrakte oder konkrete — Gefährdung: Über das Rechtsgut des § 223 hinaus wird mit dem Ausdruck „Leben" explizit ein weiteres Rechtsgut eingeführt. Dieses ist auf bestimmte Angriffsobjekte hin konkretisierbar. Die Konkretisierung des Angriffsobjekts in § 223 a wird sogar durch die logisch vorangehende Feststellung einer Körperverletzung vorausgesetzt. Damit hat der Gesetzgeber mit seinen Mitteln, so weit es den Erfolgstatbestand angeht, die Voraussetzungen für ein *konkretes* Gefährdungsdelikt geschaffen. Ob dieses Ziel ohne die Setzung eines ausgefeilten Handlungstatbestandes zu erreichen ist, kann dagegen erst die Stufe der Rechtsanwendung entscheiden.

Die Bestimmung des Gefährdungserfolges bei § 223 a ist umstritten. In der Dogmatik wird folgender *generell* zu entscheidender Gegensatz aufgestellt:

> „Ob die Lebensgefährdung im konkreten Fall *eingetreten* sein muß oder ob es genügt, wenn die Handlung *geeignet* ist, sie herbeizuführen"[456].

---

[455] Vgl. dagegen die übrigen Tatbestände des 16. und 17. Abschnitts: „Der Mörder ... Mörder ist" (§ 211), „wer" (§§ 212, 218 II, IV, 219 I, 220, 220 a, 221, 222, 223, 223 b, 226 a, 229, 230), „der Totschläger" (§ 213), „jemand" (§ 216), „eine Mutter" (§ 217), „eine Frau" (§ 218 I), „jeder" (§ 227); übrig bleiben neben den nicht typisierenden §§ 228, 231, 232, 233 lediglich die §§ 223 a, 224, 225, 226. §§ 224, 226 enthalten Erfolgsqualifizierungen, § 225 eine Schuldtypisierung. Bisher ungeklärte Ausnahme: § 223 a!

[456] *Frank*, a. a. O. II 4 zu § 223 a mit weiteren Nachweisen. Diese strenge Antithetik ist in der Literatur vielfach gebrochen: vgl. z. B. gegenüber *Schröder* einerseits (JZ 67, 523: „eine das Leben *des Opfers der Körperverletzung* gefährdende Behandlung") und *Lackner-Maassen*, a. a. O. Bem. 5 zu § 223 a: „genügt eine objektive Eignung der Behandlung zur Lebensgefährdung ...; im Einzelfall braucht keine Gefahr eingetreten zu sein"); andererseits z. B. *Welzel*, Lehrbuch a. a. O. S. 292: „Maßgebend ist, ob die vorgenommene ‚Behandlung' lebensgefährlich ist; auf die Gefährlichkeit der eingetretenen Verletzung kommt es nicht an!".

Untersucht man die in der Rechtsprechung entschiedenen Fälle, so erweist sich die Antithetik als unecht:

1. Zunächst einmal kann beim einzelnen Autor die „generelle Eignung" außerhalb der Alternative konkrete ./. abstrakte Gefahr liegen. Sie bezieht sich dann als rechtliches Relevanz- bzw. Adäquanzkriterium[457] auf das Kausalurteil zwischen Handlungs- und Gefährdungserfolg. Dem Text entsprechend fordert z. B. das RG in seiner grundlegenden und u. a. von BGH 2, 160 (163) zitierten Entscheidung RGSt 10, 1: „daß die Behandlung nicht nur *an sich geeignet sein muß*, das Leben zu gefährden, sondern auch *im konkreten Fall* das Leben des Mißhandelten durch die Art der Behandlung wirklich gefährdet sein muß[458]". Wie bei den Verletzungsdelikten *gilt* als kausal objektiv zuzurechnender Erfolg die Verwirklichung typischer Gefahr, die bei einem konkreten Gefährdungsdelikt in der konkreten Gefahr besteht. Besonders deutlich zeigt dies der Aufbau von § 315 c Nr. 2 StGB: der konkrete Gefährdungserfolg ist nur dann Verwirklichung der typischen Gefahr und damit tatbestandsmäßig, wenn er Folge einer der in Ziff. a—g aufgeführten Pflichtwidrigkeiten ist. Atypische Fälle sind auch bei § 223 a vorstellbar: z. B. Hämatom im Zentralnervensystem nach einem leichten Boxhieb.

2. die „generelle Eignung" oder „typische Gefahr" hat bei den Gefährdungsdelikten im Gegensatz zu den Verletzungsdelikten eine Doppelfunktion. Bei den Verletzungsdelikten hat das generalisierende Moment die Funktion einer ergänzenden Typisierung bei der Frage, welcher Erfolg als dem Deliktsbegriff unterfallend objektiv zugerechnet werden soll. Bei den Gefährdungsdelikten ist das generalisierende Erfahrungsurteil der Eignung für das Gefahrurteil und damit die Erfolgsbestimmung zugleich konstitutiv. Dem Satz: ‚Nur der typische (nicht völlig atypische) Erfolg ist tatbestandsmäßig'

entspricht bei den Gefahrurteilen der Satz:

> ‚Nur das typisch Gefährliche kann normativ auch konkret gefährlich sein.'

3. Wie weit über die Typizität hinausgehende Feststellungen für ein konkretes Gefahrurteil möglich[459] und notwendig sind, ist nicht abstrakt-generell zu entscheiden. Dies zeigt gerade die kontinuierliche Rechtsprechung zu § 223 a StGB besonders deutlich.

Bei dem kriminologisch hinlänglich bekannten Fall üblicher Kindesmißhandlung hat das RG in seiner grundlegenden Entscheidung RGSt 10, 1 ff. für die Feststellung der Qualifikation des § 223 a (im Gegensatz zu der des § 223 b) einen nahezu perfekten Fragenkatalog entwickelt:

> „Ob die Mißhandlungen zugefügt in der Art und Weise, unter den Umständen und mit den Mitteln ... für das in Frage stehende Kind

---

[457] Im Ansatz zutreffend z. B. von *Schröder* erkannt in JZ 67, 523 r. Spalte.

[458] Hervorheb. v. Verf.; vgl. ferner z. B. BGH GA 61, 241.

[459] Dies braucht nicht ausschließlich ein Problem des § 261 StPO zu sein.

nach seinem Alter und seiner ärztlich zu untersuchenden individuellen Leibesbeschaffenheit ... eine Lebensgefahr bedingten[460]".

Die Ausführlichkeit dieser Entscheidung ergibt sich einmal durch die Fallgruppe, zum anderen aber auch durch falsche rechtliche Folgerungen des Instanzgerichts aus der Beweissituation:

„Für den gesetzlichen Thatbestand der lebensgefährdenden Behandlung im Sinne des § 223 a an sich ist der (Verletzungs!-) Erfolg vollständig gleichgültig, und auch aus dem Gesichtspunkte des Beweismaterials darf er nicht als der allein entscheidende Faktor aufgefaßt werden, weshalb der vom ersten Richter allein angeführte Grund, daß ein ärztlicher Befund bezüglich der Folgen der Mißhandlung nicht vorliege, noch nicht für die Annahme genügt, daß eine lebensgefährdende Behandlung überhaupt nicht stattgefunden habe"[461].

Im Regelfall werden nur revisionsrichterliche Urteile zu § 223 a veröffentlicht, die sich wegen der Rollenverteilung zwischen Revisionsgericht und Tatsacheninstanz einerseits und der über ‚allgemeine Erfahrungssätze' wiederum nur generalisierenden Möglichkeit der Überprüfung der Beweiswürdigung auf das Moment der „generellen Eignung" oder „Typizität" beschränken müssen. Die konkrete Gefahr erscheint deshalb in den revisionsrichterlichen Entscheidungen regelmäßig *als inhaltsleerer Konditionalsatz:*

„Körperverletzungen durch Stoßen gegen eine Wand, den Fußboden, durch Sturz aus einem Fenster u. dgl. fallen, *wenn sie das Leben des Verletzten gefährden,* ... unter § 223 a StGB[462]".

Daneben gibt es zahlreiche Fallgruppen, bei denen die konkrete Gefahr bereits mit der generellen Eignung zwingend nachgewiesen ist. In diesen Fällen kann das Revisionsgericht deshalb auf Grund der getroffenen Tatsachenfeststellungen selber im Rahmen des § 354 I StPO entscheiden. Die Bestätigung der *„generellen Eignung"* bedeutet in diesen Fällen prozessual zugleich immer die Aufstellung eines „generellen Erfahrungssatzes" im Sinne des Revisionsrechtes, dessen *„Konventionalisierung"* wegen des materiell-rechtlichen Zusammenhangs nicht ausgesprochen wird. Zur Verdeutlichung soll vor *historischen* Beispielen aus der Rechtsprechung eine hypothetische Revisionsbegründung gebracht werden:

‚Das Stürzen eines Menschen aus dem Fenster einer im 4. Stock gelegenen Wohnung ist auch dann eine lebensgefährdende Behandlung im Sinne von § 223 a StGB, wenn das Opfer lediglich leichte Prellungen und Hautabschürfungen erlitten hat.'

Beispiele aus der Rechtsprechung

Würgen bis zur Bewußtlosigkeit[463]. Versetzen mehrerer so heftiger Schläge, daß das durch Trunkenheit wehrlose Opfer „wiederholt auf

---

[460] A. a. O. S. 2.

[461] RG 10, 1 (2).

[462] BGHSt 22, 235 (237), Hervorhebungen v. Verf.; vgl. ferner z. B. BGH GA 61, 241.

[463] BGH 21, 377 (378).

das Straßenpflaster stürzte ... weil die Stürze auf das Straßenpflaster leicht zu einer Gehirnblutung und damit zum Tode des Opfers hätten führen können"[464]. „Anfahren mit dem LKW"[465].

Bei diesen Fällen gibt es — etwa im Gegensatz zum Hetzen eines frommen Hundes, der „nur auf den Biß in den erhobenen Arm abgerichtet"[466] ist — keine vorstellbaren Individualmomente, die die konkrete Relevanz der generellen Eignung *unter dem Aspekt der Gefährdung* in Frage stellen können. Generelle Eignung und konkrete Gefahr sind bei ihnen identisch.

Die in der Dogmatik aufgestellte Antithese ist deshalb falsch, da sie gerade unter Berufung auf Entscheidungen über solche Fälle entwickelt worden ist. Zugleich ergibt sich, daß § 223 a einen ***konkreten erfolgsqualifizierten*** Gefährdungstatbestand normiert.

Modell 3: § 315 c Nr. 2 StGB

Erfolg im Sinne aller Deliktsbegriffe des § 315 c ist die Gefährdung von Leib oder Leben eines anderen oder fremder Sachen von bedeutendem Wert. Die damit gesetzten Rechtsgutsbegriffe sind — gemessen an der Systematik der Verletzungsdelikte — ungewöhnlich disparat. Ohne ausgefeilte Handlungstatbestände wäre zwar ein solcher allgemeiner Gefährdungstatbestand durchaus konkretisierbar, aber systematisch in unser Gesetzessystem kaum integrierbar[467]. Auch eine Beschränkung auf Gefährdungen im Straßenverkehr würde allenfalls über äußerst komplizierte und damit sozialpsychisch die Zwecke der Strafdrohung weitgehend vereitelnde Konstruktionen bei den Schuldproblemen zu akzeptablen Ergebnissen führen. Deshalb liegt der Schwerpunkt bei der Unrechtsvertypung der Straßenverkehrsgefährdung nicht beim Erfolg, sondern bei den Handlungstatbeständen[468], die bereits innerhalb des Gesetzes bis zur Stufe „genereller Eignung"[469] konkretisiert sind. Die Auswahl der — zweifellos nur relativ vollständigen[470] — Kasuistik ist an dieser orientiert[471].

Modell 4: §§ 19, 21 WStG

§§ 19, 21 WStG stellen das vorsätzliche oder leichtfertige Nichtbefolgen eines Befehls, das als solches bloße Disziplinwidrigkeit ist, unter Kriminal-

---

[464] BGH 19, 352.

[465] BGH VRS 14, 286 (288).

[466] BGH 14, 152 (153).

[467] Zu den Schwierigkeiten der Tatbestände allgemeiner Gefährdung der körperlichen Sicherheit und der abweichenden Systematik im österreichischen Strafrecht vgl. z. B. *Rittler*, Lehrbuch, a. a. O., §§ 11 und 12.

[468] Zu den weiteren Merkmalen „grob verkehrswidrig und rücksichtslos" bei § 315 c Nr. 2 vgl. *Reinh. v. Hippel*, Vorsatzprobleme, a. a. O. S. 453 f.

[469] Vgl. dagegen d. Beispiele zu § 223 a.

[470] Vgl. insbes. die Erweiterung der Enumeration in § 315 c gegenüber § 315 a alter Fassung.

[471] Idealiter wäre die Enumeration mit den Ergebnissen der Unfallursachenforschung, bezogen auf die Kriterien: Häufigkeit und Folgenschwere identisch.

strafdrohung, so weit das pflichtwidrige Verhalten zu einer „Gefahr für die Sicherheit der Bundesrepublik Deutschland, die Schlagkraft der Truppe, Leib und Leben eines Menschen oder Sachen von bedeutendem Wert, die dem Täter nicht gehören"[472] geführt hat.

Diese heterologen Rechtsgüter sind teils aus dem Staatsschutz-, teils aus dem Verkehrsstrafrecht übernommen. Bei diesen Deliktsbegriffen fehlen im Gegensatz zu § 315 c StGB Handlungstatbestände, denn die Nichtbefolgung des Befehls ist lediglich ein handlungsunspezifisches, rein formales Pflichtwidrigkeitsmerkmal.

Bei diesem Tatbestandsmodell ist eine sinnfällige Konkretisierung kaum zu erreichen. Der farblose Handlungstatbestand bei § 223 a[473] ist lediglich deshalb ausreichend, weil der Gefahrbestimmung logisch die Feststellung einer Verletzung vorangeht. Damit ist die entscheidende Voraussetzung für Aussagen über die generelle Eignung und deren konkrete Relevanz im Einzelfall geschaffen[474]. Noch größere Schwierigkeiten bereiten die dem Staatsschutz entnommenen Rechtsgüter, bei denen die Relevanz einer Skala von Verhaltensweisen zu prüfen wäre, die von Hoch- und Landesverrat bis zum Vergessen eines Schraubenschlüssels reichen kann. Offenbar kann ein konkretes Gefährdungsdelikt nicht unter Verzicht auf konkretisierbare oder zumindest exemplifizierte Handlungs- und/oder Erfolgstypen aufgestellt werden[475].

§ 12
DIE GEWINNUNG KONKRETER GEFAHRURTEILE

Von verschiedenen Ansätzen her wurde die Unmöglichkeit eines ontologischen und ontologisch wahren Gefahrurteils dargelegt: Die Rechtspraxis muß auf letzte Gewißheit verzichten; ein ontologischer Möglichkeitsbegriff ist nicht praktikabel; Wahrscheinlichkeit ist unter dem Postulat möglicher Praxis ein Rechtsbegriff; Kausalität im Recht ist ein Begriff objektiver Zurechnung; ontologisches Verständnis des Gefahrurteils ist auf sprachliche Hintergrundprobleme zurückzuführen usw. All diese Schwierigkeiten lassen sich auf zwei Basisprobleme zurückführen, die zentraler Gegenstand moderner Wissenschaftslehre sind:

1. die zumindest derzeitige Unmöglichkeit von Verifikationen bzw. der Gewinnung ontologisch wahrer All-Aussagen auf Grund endlich vieler Erfahrungen;

---

[472] Legaldefinition in § 2 Nr. 3 WStG, auf die in §§ 19, 21 WStG verwiesen wird.

[473] Die Analogie geht insofern sehr weit, wenn man mit BGH JR 56, 347 m. Anm. v. *Maurach* annimmt, daß § 223 a 4. Alternative auch durch Unterlassen verwirklicht werden kann.

[474] Vgl. dazu oben zu Modell 2.

[475] Vgl. ausf. *Reinh. v. Hippel*, Grundlagenprobleme, a. a. O.

2. die unzureichende Leistungsfähigkeit der Sprachen, die sich bis in die Mathematik hinein verfolgen läßt. Ein prinzipiell infiniter Regreß etwa durch Einführen immer weiterer Metastufen oder vollständige Explikation durch ein endloses Prädikat erlaubt keine Rechtskraft und damit auch keine strafrechtliche Praxis.

Für das allgemeine Problem der Rechtsanwendung wurde nachgewiesen, daß Praxis erst durch die *rechtliche Privilegierung von Sprachbenutzern*, durch institutionalisierte *Sach-* und *Sprachkompetenz* möglich wird.

Trotz der damit unvermeidlichen Normativierung der sozial-regulativen Veranstaltung Strafrecht ist diese keineswegs unabhängig von der Erfahrung. Das Kausalitätsurteil bei der objektiven Zurechnung einer Verletzung ist zwar nicht ontologisch verifizierbar, aber auch eine bloße Konjunktion endlich vieler Erfahrungen erlaubt Konjekturen über „generelle Eignung", „typische Gefahr", „objektive Finalität", „Tendenz"[476], wie deren Verwendung zur Erklärung des eingetretenen Erfolges. Von dieser Verwendung der Erfahrung *per analogiam* aus gesehen, wird durch den Verletzungserfolg die Hypothese vom Standpunkt der Verifikationsthese aus sogar bestätigt. Erst durch Poenalisierung von Verhaltensweisen, bei denen das subjektive Evidenzerlebnis schwächer ist als etwa beim ‚Totschlagen' im Sinne ursprünglichster Wortbedeutung, d. h. insbesondere durch das Aufstellen von Versuchs-, Fahrlässigkeits-, Gefährdungstatbeständen, wurde die ontologische Valenz insbesondere des Kausalitätsurteils fragwürdig.

Der wichtigste Unterschied zwischen Verletzungs- und Gefährdungserfolgen in ihrer Beziehung zur Erfahrung ist dementsprechend pragmatischer[477] Natur: durch einen Verletzungserfolg wird die ungesicherte Annahme, auf Grund deren wir unser alltägliches Sicherheitsstreben befriedigen, scheinbar bestätigt. Der ‚Beobachter' hat ein ‚Aha-Erlebnis' und sagt zu dem Kind, das sich trotz aller Warnungen am heißen Ofen verbrannt hat:

‚Wer nicht hören will, muß fühlen'.

Bei den Gefährdungserfolgen fehlt aber gerade diese scheinbare Bestätigung, so daß die alltägliche „Moral" etwa in folgende Worte gekleidet wird:

‚Hast du aber Glück gehabt, was hätte nicht alles passieren können'.

Eine andere Version ist die des konditionalen Irrealis:

‚wenn nicht ... dann!'

Diese beiden scheinbar banalen Varianten drücken wichtige implizite Unterschiede im Vorverständnis des Beobachters aus.

Beobachter A hat etwa folgende Einstellung:

Da p häufig von q als x, y oder z gefolgt ist, gilt p als riskant und sollte vermieden werden.

Beobachter B dagegen nimmt an:

Wenn außer p_1 auch p_2 und/oder nicht p_3, dann wäre q.

---

[476] Vgl. zu diesen systemabhängigen dogmatischen Begriffen die Nachweise bei *Reinh. v. Hippel*, Versuch, a. a. O. S. 21.

[477] Im Sinne der Semiotik.

Der Standpunkt von B scheint ‚wissenschaftlicher' zu sein, impliziert aber — wie gezeigt wurde — einen überholten Wissenschaftsbegriff.

Die von B für mit Gewißheit relevant gehaltenen ‚Faktoren' können aber auch für A erheblich sein, allerdings nur als hypothetisches Moment. Kolloquial würde er etwa sagen:

‚Wer weiß, ob, wenn auch p_2 und/oder nicht p_3, auch dann nicht q.'

Ist B nicht ein durchschnittlicher, sondern ein besonders erfahrener Beobachter, wird er unter Umständen behaupten:

‚Es gibt diese und jene guten Gründe anzunehmen, daß, wenn auch p_2 und/oder nicht p_3, dann q. Da nicht p_2 und/oder p_3 werden wir es niemals erfahren.'

Bereits auf Grund dieser Aussage kann er für das praktische Leben die Regel aufstellen:

‚Wer das Vorkommen von p_2 oder p_3 nicht kontrollieren kann, darf nicht p_1.'

Dies ist gleichsam das Modell der Motivation des Gesetzgebers bei der Aufstellung eines gesetzlichen Gefahrbegriffs. Bei der Aufstellung eines Gesetzesbegriffes gibt es aber zwei erhebliche Abweichungen von dem aufgezeigten Idealtypus:

1. Regelmäßig gilt es nicht nur, die einfache Kombination von p_1, p_2, p_3 zu regeln, weil die Zahl der nach der Erfahrung zu berücksichtigenden „Faktoren" n beträgt.

2. Die Wirklichkeit ist derart kompliziert, daß auch im Sinne der gesetzgeberischen Motivation eine bestimmte Kombination noch nicht die Gefährlichkeit „indiziert". So schreibt z. B. *Schröder*[478]

> „Als abstrakte Gefährdungsdelikte bezeichnet man solche, bei denen die Indizien der Gefährlichkeit vom Gesetz selbst bestimmt werden, während bei den konkreten Gefährdungsdelikten der Eintritt einer Gefahr Tatbestandsmerkmal ist und daher im Einzelfall vom Richter festgestellt werden muß."

§ 13
DIE GEFAHRURTEILE NACH DER RECHTSPRECHUNG

1. Das Material

Wie aufgezeigt wurde, ist die Problematik der Gefahrurteile gegenüber dem materiellen Entscheidungskontext nicht unspezifisch. Deshalb kommt für unsere Untersuchung nur eine mittlere Konkretisierungsstufe in Betracht, da sonst wenigstens zu jedem Gefährdungstatbestand eine Spezialmonographie vorgelegt werden müßte. Trotzdem lohnt eine Kurzorientierung, in welchen Entscheidungskontexten sich Schwerpunkte in der Rechtsprechung gebildet haben.

---

[478] A. a. O. S. 522 m. weit. Nachw. in Anm. 1.

1. Seit der Entscheidung der Vereinigten Strafsenate des Reichsgerichts vom 24. 5. 1880 (RGSt 1, 439 ff.) geht die Judikatur in ständiger Rechtsprechung von der subjektiven Versuchstheorie aus. Damit entfiel die Chance, anhand zahlreicher Deliktsbegriffe[479] sich mit den Problemen der Gefahrurteile auseinanderzusetzen. Das Reichsgericht hat die subjektive Theorie aus der Kritik an der älteren objektiven Theorie mittels eines ontischen Kausalbegriffs entwickelt[480], der zumindest seit BGHSt 11, 1; 21, 59 nicht mehr ungebrochen tradiert wird. Angeblich verlangte die ältere objektive Theorie,

> „daß die Handlungen, wenn sie als Versuch strafbar sein sollen, in einem *Kausalverhältnis* zur Vollendung, in welcher diese für jede Strafe notwendige Gefährdung oder Verletzung des Rechtes enthalten ist, stehen müssen. ... Der Kausalzusammenhang zwischen einer Handlung und dem durch dieselbe beabsichtigten Erfolge ist niemals durch das Dasein oder Fehlen eines einzelnen Zwischenereignisses unbedingt gegeben oder aufgehoben, sondern jedes auf den endlichen Ausgang Einfluß äußernde Ereignis oder Verhältnis giebt stets als einzelner *Kausalitätsfaktor nur eine größere oder geringere Möglichkeit oder Wahrscheinlichkeit* des letzteren, niemals die Gewißheit seines Eintrittes oder Nichteintrittes. Die Freigebung der jede Möglichkeit einer Vollendung ausschließenden Handlungen von der Strafbarkeit als Versuch würde nicht die Beschränkung des strafbaren Versuches nur auf die eine teilweise Vollendung enthaltenden, *weil es solche nicht giebt,* sondern die Straflosigkeit jedes Versuches zum Resultate haben. Denn kausal für den Erfolg ist eine Handlung nie, wenn ein Erfolg nicht eingetreten; *der Nichteintritt zeigt eben, daß sie nicht kausal war.* Aber es darf auch weiter gesagt werden, daß ... *im Einzelfalle ... jede Handlung, die nicht zum Erfolge geführt hat, als eine zu dessen Hervorbringung absolut ungeeignete sich erwiesen hat*“[481].

Diese folgenreiche Entscheidung war vom Standpunkt der ontologisch verstandenen Äquivalenztheorie aus konsequent, trifft aber die ältere objektive Theorie, die diesen Standpunkt nicht teilt[482], nicht. Die unter dem Postulat möglicher Praxis richtige Ablehnung eines ontologischen Gefahrbegriffes hätte bei systemkonsequenter Beibehaltung ontischer Kategorien zur Ablehnung jeglicher Gefahrurteile führen müssen.

2. Im Gegensatz zu seiner Argumentation gegen objektive Versuchslehren hat das Reichsgericht insbesondere bei § 223 a 4. Alternative *konkrete* Gefahrurteile für möglich erklärt. So heißt es z. B. in einem nur zwei Jahre nach der Versuchsentscheidung der Vereinigten Strafsenate ergangenen Urteil des Reichsgerichts[483], es werde

---

[479] Aller, bei denen Versuch mit Strafe bedroht ist.
[480] Vgl. dazu *Reinh. v. Hippel,* Versuch, a. a. O. S. 1 ff.
[481] RGSt 1, 439 (442); Hervorheb. v. Verf.
[482] Vgl. dazu *Reinh. v. Hippel,* Versuch, a. a. O. S. 2.
[483] RGSt 6, 396 (397) vom 14. 6. 1882. Hervorhebungen vom Verfasser.

„nur in den seltensten Fällen zulässig sein, von einer ‚Behandlung' zu sprechen, welche *‚an sich'*, also im absoluten, von den konkreten Verhältnissen losgelösten Sinne als schlechthin ‚lebensgefährlich' *zu gelten* habe. Der Ausdruck ‚Gefahr' und ‚Gefährdung' bedeutet die *größere oder geringere Wahrscheinlichkeit* eines in naher oder entfernter Zukunft *nach menschlicher Erfahrung den Gesetzen der Kausalität zu erwartenden* schädlichen Ereignisses. Wie stark die Wahrscheinlichkeit und wie nahe die danach zu befürchtende Eventualität sein muß, um von *vorhandener* Gefahr sprechen zu können, läßt sich eben nur für den Einzelfall entscheiden."

Dieses Erkenntnis ist ein direkter Vorläufer für die heute noch grundlegende Entscheidung RG 10, 1. Als Erklärung bietet sich an, daß § 43 als Strafausdehnungsgrund[484] *unselbständiger* Rechtssatz ist und damit das für die Unrechtbestimmung wesentliche Rechtsgut außerhalb eines jeden *allgemeinen* Versuchsbegriffs liegt[485]. Zugleich bietet der Gesetzeswortlaut des § 223 a 4. Alternative kaum eine Möglichkeit, den Problemen auszuweichen. Der wichtigste Beitrag der Rechtsprechung zu § 223 a für die Problematik konkreter Gefahrurteile ist die bereits nachgewiesene Unterscheidung zwischen der „generellen Eignung" und der konkret festzustellenden Gefahr.

3. Die Judikatur zu den Verkehrsgefährdungsdelikten[486] gibt den quantitativ und qualitativ wichtigsten Beitrag zu den Problemen konkreter Gefahrurteile.

Quantitativ umfaßt sie u. a. die Fälle der Straßenverkehrsgefährdung. Die jüngste Statistik für das Bundesgebiet weist für 1967 folgende Verurteiltenziffern auf je 100 000 Einwohner aus[487]:

1.	Fahrlässige Körperverletzung in Verbindung mit einem Verkehrsunfall (§ 230)	226,0
2.	Vergehen nach dem Straßenverkehrsgesetz (StVG)	207,0
3.	Gefährdung des Straßenverkehrs (§§ 315 b, 315 c Abs. 1 Nr. 1a—2g, 316)	199,8
4.	Einfacher Diebstahl (§ 242)	143,0
5.	Betrug und Untreue (§§ 263—266)	74,8
6.	Flucht nach Verkehrsunfall (§ 142)	49,9
10.	Gefährliche Körperverletzung (§§ 223 a und b)	17,7
14.	Fahrlässige Tötung in Verbindung mit einem Verkehrsunfall (§ 222)	9,4

Abgesehen von der weit überdurchschnittlichen Dunkelziffer bei der Straßenverkehrsgefährdung wird man davon ausgehen dürfen, daß fahrlässigen Körperverletzungen und Tötungen im Straßenverkehr ganz über-

[484] Der Begriff wurde erst nach der Entscheidung RGSt 1, 439 ff. 1915 von *M. E. Mayer*, a. a. O. S. 341 eingeführt; vgl. dazu *Lehmann*, a. a. O. S. 22 Anm. 1.

[485] Vgl. dazu *Reinh. v. Hippel*, Versuch, a. a. O. S. 1.

[486] Die Entwicklung reicht von der Eisenbahntransportgefährdung, §§ 315, 316 RStGB 1. Fassung (Vorläufer bereits die §§ 294, 295 Preuß. StGB von 1851) bis zu den heutigen §§ 315—316 StGB.

[487] Statistisches Jahrbuch für die BRD 1969, S. 110.

wiegend auch eine vorsätzliche oder fahrlässige Verkehrsgefährdung im Sinne der subsidiären §§ 315 b, 315 c, 316 vorangegangen ist, da diese Gefahrbegriffe die typisch unfallträchtigen Verhaltensweisen umfassen. Die Addition der Verurteilungen ergibt dann eine Verurteiltenziffer von 435,2. Entsprechend sind Kraftfahrzeugunfälle die häufigste Todesursache bei männlichen Personen vom 1. bis zum 45. und bei weiblichen vom 5. bis zum 25. Lebensjahr[488].

Qualitativ sind die Verkehrsgefährdungen insofern besonders wichtig, weil diese Gruppe einerseits eine besonders lange Gesetzestradition hat[489] und zum anderen als *das* Beispiel für technische Massenphänomene unserer Kultur in überragend durchgearbeiteten Tatbeständen vertypt worden ist. Die Möglichkeit oder Unmöglichkeit konkreter Gefahrurteile bei diesen Gefahrbegriffen ist damit der Prüfstein dafür, ob die Vorverlagerung der Schutzgrenze durch Aufstellen von Gefährdungstatbeständen geeignet ist, die Häufigkeitsverteilung unerwünschter Folgen unserer vom Menschen gestalteten Umwelt zu beeinflussen[490]. Die Möglichkeit konkreter Gefahrurteile hat die Praxis übrigens bei den Verkehrsgefährdungen genau so wie bei § 223 a niemals in Frage gestellt. Zugleich waren diese Anlaß zu den ausführlichsten Erörterungen der uns interessierenden Probleme, weil sie das Prinzip des konkreten Gefährdungstatbestandes nachgerade puristisch enthalten.

2. *Das Rechtsprechungsprogramm*

Die jüngste ausführliche Entscheidung „zum Begriff der (Gemein-) gefahr“[491] beginnt mit den Sätzen:

> „Der Begriff der ‚Gefahr‘ entzieht sich genauer wissenschaftlicher Umschreibung. Er ist nicht allgemeingültig bestimmbar und überwiegend tatsächlicher, nicht rechtlicher Natur“[492].

Der 4. Senat des BGH[493] bezieht sich in dieser zu §§ 315, 315 a a. F.[494] ergangenen Entscheidung an erster Stelle auf eine Entscheidung des Reichsgerichts vom 7. 2. 1894 zu § 316 1. Fassung (fahrlässige Eisenbahntransportgefährdung), in der es heißt:

> „Das Begriffsmerkmal der ‚Gefahr‘ und des ‚in Gefahrsetzens‘ ... ist überwiegend thatsächlicher und nicht rechtlicher Natur“[495].

---

488 Statistisches Jahrbuch der BRD 1969, S. 66 f.

489 § 223 a StGB ist dagegen erst durch Novelle vom 26. 2. 1876 eingefügt worden und fehlte sowohl im Preuß. StGB von 1851 wie in den Entwürfen.

490 Die Grundfrage, wie weit dies mit den Mitteln des Strafrechts, den Strafvollzug eingeschlossen, möglich ist, kann hier nicht erörtert werden.

491 BGH 18, 271 (4. Senat) Leitsatz.

492 A. a. O. S. 272; es folgen Rechtsprechungsnachweise, an der Spitze Rspr. RG 6, 98, 99.

493 Sogenannter „Verkehrs-Senat“.

494 D. h. in der Fassung vor dem 2. Gesetz zur Sicherung des Straßenverkehrs vom 26. 2. 1964 (BGBl. I, 921).

495 Rspr. RGSt 6, 98 (99).

Diese Ausführungen implizieren entscheidende Voraussetzungen für das Rechtsprechungsprogramm. Schwierigkeiten bereiten sie dadurch, daß auf „den Begriff der Gefahr“ abgestellt wird, obwohl er als unbrauchbar erkannt wird. M. E. enthalten die Sätze folgende Aussagen:

1. Es gibt keinen allgemeingültigen Gefahrbegriff[496].

2. Auch die gesetzlichen Gefahrbegriffe des Besonderen Teils des Strafgesetzbuches sind weder mit deskriptiven noch mit normativen Ausdrücken für ihren Anwendungsbereich allgemein gültig definierbar.

3. Die Prädikation des Gefahrbegriffes als „überwiegend thatsächlicher, nicht rechtlicher Natur“ ist nicht aus sich heraus verständlich. Rein sprachlich bedeutet sie ein ‚sowohl als auch‘ mit einer unpräzisen „Gewichtung“. Gegenstand des ‚sowohl als auch‘ ist danach

a) Rechtsbegriff;
b) Seinsbegriff.

Beim Seinsbegriff ist wiederum nach dem Gegenstand zu fragen: Gefahr als ontologischer Begriff oder als empirisch ex post feststellbare Überzeugung desjenigen, der etwas als gefährlich prädiziert? Im letzten Falle enthielte dieser Satz Hinweise auf die Funktion historisch-konkreter Gefahrurteile, die Bildung und Erweiterung einer offenen Klasse durch Enumeration und die Verteilung der Sprach- und Sachkompetenz.

Ob und gegebenenfalls welche dieser Deutungen zutrifft, kann nur eine Analyse der Entscheidungen zeigen. Da die Kontinuität der Revisionsrechtsprechung erst durch die späteren Entscheidungen hergestellt wird, die ihrerseits aus integrativen wie prozessualen[497] Gründen Deutungen früherer Urteile enthalten können, empfiehlt sich eine Durchsicht der Entscheidungen in zeitlicher Folge.

Rspr. RG 6, 98 ff., III. Senat, vom 7. 2. 1884 zu § 316 erster Fassung

1. Das Reichsgericht verwendet den Ausdruck ‚Gefahr‘ relational, bezogen auf ein Objekt der Gefährdung[498].

2. Unter Anknüpfung an die „Sprache des gewöhnlichen Lebens“[499] wird „der Ausdruck ‚Gefahr‘ ... als ein durchaus relativer[499]“ bezeichnet, der im Prinzip eine diskret gleitende Skalierung erlaubt. In natürlichen Sprachen wird aber nur grob differenziert. Das RG gibt als Beispiel „nahe“, „dringende“, „entfernte“ Gefahr und unterscheidet zwischen „abstrakter Möglichkeit“[499] und (konkreter) „Wahrscheinlichkeit“[500].

---

[496] Vgl. entsprechend zum Versuchsbegriff *Reinh. v. Hippel,* Versuch, a. a. O. S. 1.

[497] Umgehung des Vorlagebeschlusses, §§ 121 II, 136 I GVG.

[498] Leitsatz: „Gefahr *für* einen Eisenbahnzug ...“.

[499] A. a. O. S. 99.

[500] A. a. O. S. 99 f.

3. Die Kriterien der „Wahrscheinlichkeit" werden als „objektiv"[501] angesehen, obwohl „sich schlechterdings keine Normen angeben" lassen[501]. „Objektiv" hat dabei möglicherweise zwei Bedeutungen:

a) mechanistisch-ontologisch:

„Wenn der Eintritt eines Unglücks wahrscheinlich ist und nur durch Dazwischentreten von Zufälligkeiten abgewendet wurde[502]", „wenn in einem angeknüpften Causalverlauf die auf ein schädigendes Ereigniß hinwirkenden Factoren über die entgegenwirkenden Kräfte ... das Übergewicht zu haben scheinen (!), d. h., wenn der künftige Eintritt des schädigenden Ereignisses *wahrscheinlicher* ist (!), als sein Nichteintritt. Je nach den relativen zeitlichen und räumlichen Entfernungsverhältnissen zwischen dem Anfang einer Bewegung und einer durch sie verursachten (!) Katastrophe, je nach der Zahl der causalen Zwischenglieder (!), welche ein gewisser Mechanismus (!) zu durchlaufen hat, wird man geneigt sein (!), ... als ... anzusehen"[503].

Die Erkenntnisprobleme werden nur mittelbar durch die Vermengung ontologisch-mechanistischer[504] und subjektiver[505] Ausdrücke angedeutet.

b) Konkrete Datenbezogenheit

Abhängigkeit „von den Distancen, der Fahrgeschwindigkeit, den Witterungsverhältnissen, dem Signalwesen und zahlreichen anderen höchst concreten Umständen"[506].

4. Das Reichsgericht versucht, mit der konventionellen Unterscheidung zwischen Rechts- und Tatfrage zu lösen. Bei der Rechtsfrage werden einerseits die wichtigen sub 1) und 2 b) entwickelten Kriterien herausgestellt, andererseits „Wahrscheinlichkeit"[507] und ‚überwiegende Wahrscheinlichkeit'[508] durchaus kolloquial und untechnisch nebeneinander verwendet. Die entscheidende Rechtsfrage, wann eine Gefahr als konkrete zu prädizieren ist, wird als unlösbar bezeichnet[509] und als Tatfrage dem Instanzgericht zugewiesen[510].

---

[501] A. a. O. S. 100.

[502] A. a. O. Leitsatz S. 98 f.

[503] A. a. O. S. 100.

[504] Die durch den verwendeten Kausalitätsbegriff einerseits und möglicherweise andererseits durch den rechtstheoretisch durch sein Scheitern bedeutsamen Versuch, den Begriff der Eisenbahn vollständig zu definieren (RGZ 1, 247 (251 f.) vom 17. 3. 1879) präjudiziert ist.

[505] „Zu haben scheinen", „wird man geneigt sein", „als ... anzusehen".

[506] A. a. O. S. 100.

[507] In Leitsatz S. 98.

[508] „Wahrscheinlicher ... als", a. a. O. S. 100.

[509] A. a. O. S. 100: „Hierfür lassen sich schlechterdings keine Normen aufstellen."

[510] A. a. O. S. 100: „Die concrete Beschaffenheit des Einzelfalles und seine sachliche Beurteilung (?) entscheiden allein." „Nur der Thatrichter (vermag) darüber ein Urtheil abzugeben."

5. „Die begründete Besorgniß‘ des Eintritts eines Unglücks“ wird als Entscheidungskriterium abgelehnt, weil „damit lediglich ein immerhin unsicheres (!) objectives (!) Moment mit einem ebenso (!) unsicheren subjectiven (!) vertauscht“[511] werde. Dabei hätte dies unmittelbar aus § 261 StPO abgeleitet werden können. Die geforderte Beziehung auf das konkrete Angriffsobjekt[512] in Verbindung mit der Verwertung konkreter Daten zur Konstitution des Sachverhalts[513] gibt eine durchaus brauchbare und revisionsrechtlich relevante Direktive, insbesondere hinsichtlich der Aufklärungspflicht und des Begründungszwanges.

RG 10, 173 ff. II. Senat vom 11. 3. 1884 zu §§ 315, 316 erster Fassung

1. Unter Berufung auf die Motive[514] heißt es, die Begriffe „Gefahr“ und „Ingefahrsetzen“ seien „dem allgemeinen Sprachgebrauch entnommen. Man bezeichnet damit einen *Zustand*, in welchem *nach den zur Zeit*[515] *bekannten Verhältnissen* der Eintritt eines Schadens *als wahrscheinlich zu gelten hat, oder*, was *dasselbe* sagen will, eine *naheliegende Möglichkeit, eine begründete Besorgnis eines Schadens* vorliegt“[516].

Der mehrdeutige Objektivitätsbegriff und der Kausalbegriff werden vermieden. Dafür werden über den notwendigen Nachweis eines gefährdeten Rechtsgutssubstrates hinaus praktikable Kriterien entwickelt: Das Objekt erscheint in einer konkreten *Situation* als gefährdet. Es kommt nicht auf Gefahr*begriffe* an, sondern auf Gefahr*urteile*. Diese sind durch relativ unbestimmte Rechtsbegriffe[517, 518] determiniert: „wenn ... als wahrscheinlich zu gelten hat“[519]. Relevanzkriterium ist der Zeitpunkt ex ante[520], Bewertungsmaßstab die „begründete Besorgniß eines Schadens“[521].

2. Im folgenden werden die sub 1) entwickelten Kriterien weiter ausgespielt.

a) Eine ontologische Beziehung zwischen Gefahr und Erfolg wird nicht verlangt: auf die Eignung „unter allen Umständen ... einen wirklichen Schaden herbeizuführen“ kommt es nicht an[522].

---

511 A. a. O. S. 100.
512 Vgl. oben sub 1.
513 Vgl. sub 3 b.
514 S. 176.
515 Offenbar der Tat!
516 A. a. O., S. 175 f.; Hervorhebungen vom Verfasser.
517 „Das Gesetz hat sich einer Definition enthalten“, a. a. O. S. 176.
518 Rekurs auf den allgemeinen Sprachgebrauch (a. a. O. S. 176 oben), der wie die Mehrzahl der Rechtsbegriffe ‚vague‘ ist.
519 A. a. O. S. 176.
520 „Nach den zur Zeit bekannten Verhältnissen“. A. a. O. S. 176; abweichend im folgenden lediglich RG 8, 198 (202) (zum Versuch!), vgl. dazu *Lackner*, S. 18 Note 43.
521 A. a. O. S. 176.
522 A. a. O. S. 175; vgl. S. 177 f.

b) Das Erfordernis eines hohen oder überhaupt eines bestimmten Grades der Wahrscheinlichkeit wird abgelehnt[523].

c) Eine skalierende Differenzierung zwischen „Möglichkeit" und „Wahrscheinlichkeit" ist nicht praktikabel[523].

d) Rollenverteilung zwischen Tatsachen- und Revisionsinstanz: wann die „Besorgniß eines Schadens" begründet ist, hat „im allgemeinen[524] ... unter Erwägung aller Umstände des Einzelfalles" der Tatrichter zu entscheiden. Aus der konsequenten Anwendung des § 261 StPO, der in der Entscheidung allerdings nicht genannt wird, folgt: „ob sein Schluß ein thatsächlich richtiger war, unterliegt ... nicht der Nachprüfung des Revisionsgerichtes. Zu prüfen bleibt nur, ob der erste Richter von unrichtigen rechtlichen Grundlagen ausgegangen ist"[525].

e) Trotz strikter Trennung der Funktionen von Tat- und Revisionsgericht[526] wird die Entwicklung weiterer Rechtsgrundsätze als Bewertungsmaßstäbe auf Grund allgemeiner Erfahrung für zulässig gehalten[527].

Nach den Grundsätzen dieser Entscheidung ist das konkrete Gefahrurteil etwa als

> ‚die den relativ unbestimmten Rechtsbegriff „Gefahr" ausfüllende oder konkretisierende konkret-kontextuell begründete Besorgnis ex ante der Verletzung eines konkreten Schutzobjektes als Gegenstand tatrichterlicher Überzeugung'

zu deuten.

Da der Tatrichter selbst ex post nicht mehr „besorgt" sein kann, ist die „Begründetheit" der Besorgnis als abgeleiteter Rechtsbegriff nur ausnahmsweise von den nur beschränkt mitteilbaren Beweisergebnissen[528] überprüfbar. Da kein fiktiver Urteilsmaßstab wie etwa ein „besonnener Beobachter" oder dergleichen eingeführt wird, ist etwa zu supponieren:

‚kontextuell begründete vernünftige Besorgnis'.

Im folgenden werden die vom 2. Senat mit der Entscheidung RG 10, 173 entwickelten Kriterien in der Rechtsprechung teils summarisch, teils ausführlicher bis in die jüngste Zeit hinein unter unmittelbarem oder mittelbarem Bezug auf diese grundlegende Entscheidung tradiert[529]. Offenbar haben sie sich in der Praxis bewährt.

---

[523] A. a. O. S. 176.

[524] Hier wird möglicherweise bereits die Entwicklung „allgemeiner Erfahrungssätze" angedeutet; vgl. dazu ausführlich S. 177 f. und im Text sub e).

[525] A. a. O. S. 176 unten.

[526] Vgl. sub d) und S. 177 der Entscheidung.

[527] Vgl. S. 177 f.

[528] Vgl. z. B. zu § 267 I StPO *Eberh. Schmidt*, Lehrkommentar II, a. a. O. Randnr. 6 mit weiteren Nachweisen.

[529] Vgl. insbesondere Rspr. RG 7, 128 (130), 4. Senat; RG 14, 135 (137), 2. Senat; RG 30, 178 (179 ff.), 3. Senat; RG 61, 362 (363 f.), 1. Senat; OGH 1, 391 (394 ff.); alle vorstehenden Entscheidungen zur Eisenbahntransportgefährdung in der jeweils geltenden Fassung; für die Rspr. des BGH seit der Alleinzuständigkeit

3. Die Anknüpfung an die Erfahrung

In der Rechtsprechung wird vielfach der Ausdruck „überwiegende Wahrscheinlichkeit" verwendet[530]. Deutete man den Wahrscheinlichkeitsbegriff im Sinne der mathematischen Wahrscheinlichkeitsrechnung etwa als den „Grenzwert der relativen Häufigkeit, mit der ein bestimmtes Merkmal auftritt[531]", so würde zwar der Ausdruck „überwiegende Wahrscheinlichkeit" als Wert zwischen $> 0{,}5$ und 1,0 objektiviert, aber aus verschiedenen Gründen unanwendbar. Im folgenden soll nur auf einige hingewiesen werden:

1. Eine Schätzung der Häufigkeitsverteilung zwischen folgenlosen und unfallverursachenden Verkehrsgefährdungen scheitert bereits an den bei folgenlosen Massenphänomenen extremen Problemen der Latenz von Straftaten. Bereits bei verhältnismäßig einfachen Verletzungsdelikten divergieren die Schätzungen der Latenz um so hohe Faktoren[532], daß die Objektivierung der „überwiegenden Wahrscheinlichkeit" schlechthin ausgeschlossen ist. Die Rechtsprechung hat eine statistische Objektivierung der Gefahrurteile auch niemals versucht[533].

2. Eine brauchbare Bestimmung des Kollektivs einmal unterstellt, ist in jedem Falle die Häufigkeitsverteilung zwischen folgenloser und verletzungsqualifizierter „Gefährdung" derart, daß Verurteilungen wegen (bloßer) Gefährdung mangels „überwiegender Wahrscheinlichkeit" ausgeschlossen wären.

3. Eine Objektivierung im Sinne der Wahrscheinlichkeitsrechnung verstieße gegen zahlreiche rechtsideologische Grundlagen unserer Strafrechtsordnung, darunter:

a) Einzeltatschuldvergeltung;

b) keine Verdachtsstrafe;

---

für Verkehrsstrafsachen kommt es entscheidend nur noch auf die Rspr. des 4. Senats an (ausdrückliche Ablehnung der Anrufung des Großen Senats mit diesem Argument in BGH 11, 199 (205); vgl. ferner den Vorlagebeschluß BGH 13, 66 (67 f.); vgl. insbes. BGH 8, 28 (29—33) mit Anknüpfung u. a. an Rspr. 6, 99 zu § 315 a a. F., dazu interpretierend BGH 18, 271 (273) zum Begriff der (Gemein-)Gefahr in §§ 315, 315 a a. F.; BGH 11, 162 (164) zu § 315 Abs. 1 („denn es war für niemanden, auch nicht für den Angeklagten, im voraus berechenbar, daß ..."); BGH 13, 66 (69 f.) zu §§ 315 I, III, 316 I a. F.; BGH 18, 271 (272—274) zu §§ 315, 315 a a. F.; vgl. ferner die zum Gefährdungsvorsatz folgerichtige und korrigierende Entscheidung BGH 22, 67.

530 Z. B. BGH 13, 66 (70); BGH 11, 162 (163, 164); BGH 8, 28 (31); zurückzuverfolgen bis Rspr. RG 6, 98 (99); nach BGH 18, 271 (272 f.) synonym für „die nach der allgemeinen Lebenserfahrung im Einzelfall zu beurteilende naheliegende Gefahr".

531 *v. Mises,* a. a. O. S. 29 (1. vollständige Theorie der statistischen Wahrscheinlichkeit; vgl. dazu *Carnap-Stegmüller,* a. a. O. S. 21).

532 Vgl. dazu *Wehner,* a. a. O.

533 Ausdrücklich ablehnend als inpraktikabel insbes. BGH 18, 271 (272) und *Lackner,* a. a. O. S. 20.

c) die nach der Reformtendenz für die Unterscheidung von Kriminalunrecht und Ordnungswidrigkeit grundlegende Differenzierung zwischen abstrakter und konkreter Gefahr.

Die Unmöglichkeit einer ontologischen Fundierung des Gefahrurteils durch Rückführung auf einen ontischen Kausalbegriff wie die der Objektivierung durch eine Quantifizierung im Sinne der Wahrscheinlichkeitsrechnung, beweist zunächst nicht mehr, als die Normativität des Gefahrbegriffs[534] und damit die Abhängigkeit der Gewinnung der conclusio minor von Wertungen[535].

Damit stellt sich die Frage nach der Möglichkeit dogmatischer Objektivierungen oder institutioneller Garantien.

Die Besonderheit der Ausgangslage ist nur eine relative, denn bereits bei den Kausalurteilen zeigte es sich, daß Wertungen bei der Gewinnung der conclusio minor in unserer Rechtsordnung vorkommen. Eine gewisse Zuspitzung liegt darin, daß bei den Gefahrurteilen dieser Umstand von der Rechtsprechung von vornherein anerkannt worden ist, während bei den Kausalurteilen die Fiktion rein kognitiver Urteilsgrundlagen erst in jüngster Zeit aufgegeben worden ist. Der Grund dafür liegt darin, daß „der tatsächliche Ablauf der Geschehnisse theoretisch überhaupt nichts“[536] zu den Gefahrurteilen beiträgt, während bei den Kausalurteilen der Erfolg die Kausalitätshypothese zu bestätigen scheint. Dieser Unterschied ist für die allgemeine Wissenschaftstheorie allerdings unerheblich, nicht dagegen für die Praxis[537, 538/539].

Die Strafrechtspraxis ist, wie nicht nur die rege Anteilnahme der Öffentlichkeit zeigt, in hohem Maße von der intersubjektiven Nachvollziehbarkeit

---

534 Vgl. insbes. *Lackner,* a. a. O. S. 20: „daß der Gefahrbegriff ein durch und durch normativer Begriff ist.“

535 Vgl. dazu bereits *Lackner,* a. a. O. S. 21.

536 *Lackner,* a. a. O. S. 18.

537 Zu der insofern gegenüber der theoretischen Grundlagenforschung auch ganze wissenschaftliche Disziplinen zu rechnen sind, denn ohne „als ob“ wäre nicht einmal eine einzige inhaltsreiche physikalische Disziplin möglich.

538/39 Der Unterschied wird in folgendem Zusammenhang besonders sinnfällig: Theoretisch ist die Beschränkung der Zulassung von Allaussagen auf Konjunktionen singulärer Erfahrungssätze korrekt. Daraus folgt für die Wissenschaftstheorie zwingend: „Mit Hilfe von Allaussagen, die nichts anderes sind als eine Zusammenfassung von Einzelaussagen, die endlich vielen Erfahrungen entstammen, kann man jedoch keine wissenschaftlichen Voraussagen machen“ (*Klaus/Buhr,* a. a. O. Stichwort „Allaussage“).

Genauer müßte es heißen: ‚Keine wissenschaftstheoretisch fundierte ...‘. Anschließend heißt es bei *Klaus/Buhr,* a. a. O.: „Der Behauptung ... widerspricht die ganze Praxis der Wissenschaft und der Menschheit“. Abgesehen von der wichtigen Zuordnung der Wissenschaft zur Praxis ist der Schluß nicht ganz korrekt. Richtig müßte er lauten: Wissenschaft ist, so weit sie zur Praxis gehört, wissenschaftstheoretisch nicht zwingend abgesichert. Deshalb sind neue Vorstellungen und Erkenntnisse jederzeit möglich.

der Entscheidungen gerade bei der Gewinnung der conclusio minor abhängig, soll nicht mit der Glaubwürdigkeit die Befriedigungsfunktion verlorengehen[540].

Dogmatisch hat man versucht, die Wertung bei der Gewinnung der conclusio minor für die Gefahrurteile einzugrenzen durch Bezug auf das Erfahrungswissen des Täters, eines Durchschnittsmenschen, eines Sachverständigen oder der gesamten Menschheit[541] als Maßstab. Dabei wird verkannt, daß es sich bei den angegebenen Bezugsgrößen um ontisch-pragmatische *Fiktionen* handelt, denn für die Feststellung des jeweiligen „Erfahrungswissens" fehlt jegliche Voraussetzung. Eine Ausnahme macht lediglich das Erfahrungswissen des Täters, der als konkreter vorhanden ist. Anlaß des Abgrenzungsstreites[542] war offenbar weniger das Problem der intersubjektiven Nachvollziehbarkeit der Gefahrurteile, als die Notwendigkeit spezifischer Stellungnahmen zur Kausalitätstheorie des Reichsgerichts bei den Gefährdungsdelikten. Dementsprechend sind Auswirkungen auf die Rechtsprechung, die bei den Gefahrurteilen traditionell nicht mit Kausalitätsformeln arbeitet, kaum nachzuweisen.

Wenn *Lackner* meint, dies sei der Punkt, „an dem die Wissenschaft zu einer exakteren Umschreibung des Gefahrbegriffs beitragen könnte"[543], so ist dies zwar *im Prinzip* richtig, *aber nicht hinsichtlich des Programmes* einer „exakteren Umschreibung des Gefahrbegriffs". Die traditionelle Einsicht der Rechtsprechung, daß sich „der Begriff der ‚Gefahr' ... genauer wissenschaftlicher Umschreibung[544]" entzieht, dürfte endgültig sein. Wohl kann die Gewinnung der conclusio minor wie die Bedeutung der Erfahrung für die conclusio maior weiter erhellt werden.

Gefahrurteile wie Kausalurteile im Strafrecht werden sowohl normativ wie von der Erfahrung determiniert. So weit sie von der Erfahrung abhängig sind, wird angesichts des Komplexitätsgrades der Sachverhalte ein „probates" Erfahrungswissen *per analogiam* verwertet, ihnen ist deshalb immer ein hypothetisches Moment immanent. Bereits auf den konkreten Gefahrurteilen vorausgehenden Bewertungsstufen wird dieses Erfahrungswissen verwertet, insbesondere bei der Entscheidung über die Aufstellung von Gefährdungstatbeständen[545]. Damit ist aber noch nicht gesagt, daß dieses Erfahrungswissen in den Tatbeständen deskriptiv vertypt werden kann.

---

[540] Auf Strafzwecke kann in diesem Zusammenhang nicht eingegangen werden. Es mag der Hinweis genügen, daß weder „Resozialisierung" noch „Sühne" möglich sind, wenn der Verurteilte und/oder die Öffentlichkeit die objektive Zurechnung unverständlich findet.

[541] Nachweise bei Lackner, a. a. O. S. 18 f.

[542] Der im wesentlichen in der Zeit des frühen Reichsgerichts ausgetragen worden ist, vgl. die Nachweise bei *Lackner*, a. a. O.

[543] A. a. O. S. 19.

[544] Statt vieler z. B. BGH 18, 271 (272).

[545] Zumindest als *Postulat* für die Gesetzgebungsarbeit zwingend.

Selbst in der Revisionsrechtsprechung dominiert der Satztyp:

‚p kann, aber muß nicht q'.

Ein typisches Beispiel bieten die Leitsätze von BGHSt 13, 66:

„1. Ein sehr nahes Heranfahren eines Lastzuges mit unverminderter Geschwindigkeit an einen unbeschrankten Bahnübergang *kann* ein dem Hindernisbereiten ähnlicher Eingriff sein, ...
2. Dadurch *kann* ein Zusammenstoß wahrscheinlich gemacht und so eine Gemeingefahr herbeigeführt werden"[546].

Die Folge davon ist, daß in der conclusio maior entweder nur über die generelle Eignung Aussagen gemacht werden können oder weitergehenden die conclusio minor vorausgeht[547].

Damit verlagert sich das Problem der Anknüpfung an die Erfahrung im wesentlichen — nämlich bei der Frage, wann „p, q" — zur conclusio minor. Deren Gewinnung ist letzten Endes durch das dem Tatrichter zugängliche eigene oder fremde (Sachverständiger) Erfahrungswissen determiniert.

Die zugleich bewertende Prädikation als gefährlich ist damit Gegenstand richterlicher Überzeugungsbildung (§ 261 StPO) und die prinzipielle Distinktion zwischen Tat- und Rechtsfrage verfällt insofern ebenso wie die zwischen *Sach-* und *Sprach*kompetenz[548]. Die rechtlichen Garantien sind deshalb zwangsläufig institutionelle Garantien, wie bereits generell für das Beweisrecht nachgewiesen wurde.

Durch die normativ-empirische Ambivalenz des Gefahrbegriffs[549] können die Revisionsgerichte von drei Ansätzen her korrigierend eingreifen:

1. Durch Verdichtung allgemeiner Lebenserfahrung zu *konventionalisierten* und damit normativierten allgemeinen Erfahrungssätzen, die aber bei Gefahrurteilen regelmäßig nur die Stufe *allgemeiner* Eignung, nicht aber die konkrete Eignung erfassen. Ausnahmsweise können allerdings allgemeine und konkrete Eignung zusammenfallen, nämlich immer dann, wenn für individualisierende Festsetzungen kein Raum bleibt.

2. Durch normative Steuerung bezogen auf den Deliktstypus, d. h. durch Aufstellen oder Ausschließen von Relevanzen. Das mögen zwei Beispiele aus der Rechtsprechung[550] belegen:

1. „Die regelwidrige Fahrweise *kann* ein Anzeichen für die Fahrunsicherheit des Fahrers wie für das Vorliegen einer Gemeingefahr sein; sie *ist* aber kein — ungeschriebenes — Tatbestandsmerkmal ..."[551].

---

[546] Hervorhebungen vom Verfasser.

[547] Bereits oben wurde deshalb das hier nur aus sprachökonomischen Gründen verwendete Subsumptionsmodell abgelehnt.

[548] Das bedeutet keine Aussage über den *heuristischen* Wert dieser Distinktionen.

[549] Vgl. dazu z. B. BGH 18, 271 (272): „überwiegend tatsächlicher, nicht rechtlicher Natur" mit weiteren Nachweisen.

[550] Deren Sachgerechtheit in unserem Zusammenhang nicht interessiert.

[551] BGH 8, 28; Hervorhebungen v. Verf.

2. „So weit § 315 c Abs. 1 StGB eine Personengefährdung voraussetzt, verlangt er die Feststellung, daß zumindest eine bestimmte Person auf eine näher anzugebende konkrete Weise gefährdet worden ist"[552].

Insbesondere das zweite Beispiel enthält außer der materiellrechtlich-normativen Aussage auch noch eine prozessuale.

3. Durch prozessual-normative Steuerung insbesondere des Umfangs der Begründungspflicht (§ 267 StPO), um die Voraussetzungen für die Funktionsfähigkeit der institutionellen Garantien zu schaffen: nur wenn z. B. die generelle Eignung oder andere für die Frage nach der Deliktstypizität relevante Momente im Urteil des Tatrichters wiedergegeben sind, ist eine normative Kontrolle des Revisionsgerichts möglich. Dies ist bei den Gefahrurteilen insofern besonders wichtig, weil einerseits ohnehin die Kontrolle des Tatrichters durch die *normative* Relevanz seines Erfahrungswissens und seiner Überzeugung bei der Beweiswürdigung besonders schwierig ist und zum anderen nicht jede „konkrete Gefahr" Verwirklichung „typischer Gefahr" im Sinne des jeweiligen Deliktsbegriffes ist. Eine Gleichsetzung von „konkreter Gefahr" mit „typischer Gefahr" liegt aber psychologisch nahe.

So knüpft z. B. der BGH an eine bestimmte Auslegung des Gesetzes spezifizierte Anforderungen an die Begründung dafür, „inwiefern nach ... Auffassung" des Tatrichters eine konkrete Gefahr bestanden habe[553]. Der 4. Senat erkennt zwar zutreffend die *Sach-* und *Sprachkompetenz* des Tatrichters an[554], will aber seine Kontrollfunktionen sicherstellen. Dabei wird interessanterweise § 267 StPO nicht genannt.

§ 14
ZUR FUNKTION KONKRETER GEFÄHRDUNGSTATBESTÄNDE

Die Aufstellung eines Gefährdungstatbestandes bedeutet die Vorverlagerung der Schutzgrenze für ein Rechtsgut oder einen Rechtsgüterallgemeinbegriff vor die Verletzung. Eine Regelung durch Strafausdehnungsgründe hätte zwar den Vorteil einer geschlosseneren Systematik, scheiterte aber u. a. an der Geltung der subjektiven Versuchstheorie in der Rechtsprechung, der Beschränkung der Versuchsstrafe auf Vorsatztaten, der erst nach Schaffung des Reichs-Strafgesetzbuches entwickelten Unterscheidung zwischen abstrakter und konkreter Gefährdung als normatives Qualifikationsmerkmal für die Abgrenzung vom Kriminalunrecht und Verwaltungsunrecht, so wie an Schuldproblemen.

Eine *durchgehende* Ausgestaltung als (gefährdungs-) erfolgsqualifizierte Delikte war wiederum nicht möglich, weil einerseits nicht überall ent-

[552] OLG Zweibrücken, VRS 32, 376.
[553] BGH 8, 28 (33).
[554] „Nach seiner Auffassung", a. a. O.

sprechende — u. U. nicht dem Kriminalunrecht zuzurechnende[555] — logisch vorgehende Tatbestände sinnvoll zu schaffen sind und andererseits §§ 50, 56 StGB geltender Fassung erst jüngsten Datums sind.

Unabhängig von diesen weitgehend behebbaren Schwierigkeiten gegenüber einer einfachen Systematik gibt es aber auch gerade heute an Bedeutung zunehmende kriminalpolitische Gründe für die Zweiteilung der Erfolgsdelikte in Verletzungs- und konkrete Gefährdungsdelikte, für die im Strafgesetzbuch die §§ 315—315 d exemplarisch und zukunftsweisend sind. Obwohl §§ 315, 315 a partiell Vorläufer bereits im Preuß. StGB von 1851 haben[556] und demgegenüber die §§ 223 a und b StGB erst durch eine Novelle[557] in das StGB eingefügt worden sind, gehören die *jetzigen* §§ 315 bis 315 d einer etwa gegenüber der gefährlichen Körperverletzung jüngeren Problemschicht an. Bereits äußerlich zeigt sich dies darin, daß §§ 223 a, b sich ohne weiteres als Erfolgsqualifizierungen hinter § 223 als Grundtatbestand einfügen ließen. Demgegenüber regeln die Verkehrsgefährdungstatbestände Probleme, die über die „Ungewißheit" hinaus zwei wichtige Merkmale haben:

1. Abhängigkeit von der Technik und
2. Pflichtwidrigkeiten, die in einer hochindustrialisierten Gesellschaft zumindest geeignet sind, Massencharakter anzunehmen:

Durch den Einsatz technischer Mittel werden quantitativ und qualitativ die Folgen bei pflichtwidriger Bedienung oder Eingriffen in den Betrieb ungeheuer gesteigert. So nimmt sich z. B. eine Wirtshausschlägerei mit tragischem Ausgang gegenüber einem Flugzeugabsturz nachgerade idyllisch aus. Darüber hinaus bleibt typischerweise etwa der brutale Schläger oder Messerstecher in seinem sozialen Kontext und damit sozialen Reaktionen ausgesetzt, während der Verkehrstäter eben durch die deliktstypische Mobilität regelmäßig den sozialen Schutz der Anonymität genießt. Weitere sozialpsychische Unterschiede ließen sich anführen, die aber bis auf die Anonymität des oder der Opfer bereits hinlänglich bekannt sind.

Quantitative Unkalkulierbarkeit und Anonymität der Opfer erschüttern nicht nur das individuelle, sondern auch das *kollektive Bedürfnis nach Sicherheit.* Daraus ergeben sich verschiedene Konsequenzen, die sich bereits trotz der auf zahlreichen Novellierungen aufbauenden Gesetzgebungsarbeit nachweisen lassen.

1. Aufstellung von Rechtsgüterallgemeinbegriffen in §§ 315 bis 315 d StGB: „Leib oder Leben eines anderen oder fremde Sachen von bedeutendem Wert."

---

[555] Vgl. z. B. den militärischen Ungehorsam als Disziplinwidrigkeit und deren Qualifizierung in §§ 19, 21 WStG.

[556] Vgl. §§ 294 f.

[557] Gesetze vom 26. 2. 1876, RGBl. S. 25; v. 19. 6. 1912, RGBl. S. 395; v. 26. 5. 1933, RGBl. I, 295.

2. Prinzipielle Ausgestaltung der §§ 315 bis 315 d als *Offizialdelikte*, während die auf dieselben Rechtsgüter bezogenen Verletzungsdelikte der §§ 223, 223 a, 230, 303 StGB gem. § 374 I Nr. 3, 6 StPO *Privatklagedelikte* sind, die nur bei *„öffentlichem Interesse“* gem. § 376 StPO von amtswegen zu verfolgen sind. Darüber hinaus sind einfache vorsätzliche (§ 223) und fahrlässige (§ 230) Körperverletzung gemäß § 232 StGB und Sachbeschädigung (§ 303 III StGB) im Gegensatz zur Beschädigung *öffentlicher* Sachen (§ 304 StGB) *Antragsdelikte*, deren Verfolgung ohne Strafantrag sogar von einem „besonderem öffentlichen Interesse“ abhängig ist[558].

Bemerkenswert ist weiter die *Zweistufigkeit* der Rechtsgüter in § 315 a a. F. mit dem sowohl polizeirechtlichen wie sozialen Rechtsgut der „Sicherheit des Straßenverkehrs“[559]. Auch nach Wegfall des entsprechenden Tatbestandsmerkmals in § 315 c n. F. wird die Auffassung vertreten, die Vorschrift schütze „vornehmlich die *Sicherheit des Straßenverkehrs*, daneben (!) auch das Leben und die körperliche Unversehrtheit des einzelnen sowie bedeutende fremde Sachwerte“[560]. Entsprechende Rechtsgutsprobleme gibt es z. B. auch bei der Unfallflucht (§ 142 StGB), die in dem Referenten-Entwurf einer Straßenverkehrs-Ordnung vom 1. 2. 1970 zur Aufstellung eines weitgespannten Pflichtenkataloges aller „Unfallbeteiligten“ in § 32 geführt hat[561]. Durch Legaldefinition in Abs. IV gilt als Unfallbeteiligter „jeder, dessen Verhalten nach den Umständen zum Unfall beigetragen haben kann“. Schließlich verdient noch besondere Erwähnung die Rechtsprechung des Verkehrssenats des BGH seit BGHSt 11, 199[562], nach der der gefährdete einzelne nicht nach individuellen Gesichtspunkten ausgesucht sein darf, sondern Repräsentant der Allgemeinheit sein muß. Sieht man einmal von der gesetzessystematisch unzulässigen Argumentation und der rechtspolitischen Folgendiskussion ab, so zeigt diese Entscheidung zumindest sehr deutlich, daß bei den technischen Massengefährdungen *regelmäßig* anonymer Opfer selbst die Rechtsgutsproblematik neuer und vertiefender Diskussion bedarf. Die neuartigen Probleme sind offenbar nicht mehr ohne weiteres mit den traditionellen dogmatischen und gesetzestechnischen Mitteln lösbar.

Für die Funktionsbestimmung gerade der modernen, auf Massenphänomene mit technischer Grundlage bezogenen Gefährdungstatbestände ist trotz der Abgrenzung zwischen den Aufgaben des Straf- und Polizeirechts das Bedürfnis ‚Sicherheit‘ zumindest gesetzgebungsmotivatorisch erheblich. Wie weit es in den einzelnen Tatbeständen als Rechtsgut gesetzt oder zu setzen ist, kann hier nicht entschieden werden. Entsprechend muß die unzweifelhafte Bestimmung, die Häufigkeitsverteilung günstig zu beeinflussen, hin-

---

558 Vgl. zu § 232 die Kasuistik z. B. b. *Lackner-Maassen*, a. a. O. Nr. 4.

559 Vgl. dazu *Reinh. v. Hippel*, Vorsatzprobleme, a. a. O. S. 457 f.

560 *Lackner-Maassen*, a. a. O. 2 a zu § 315 c.

561 Vgl. dazu insbes. die ausführliche Begründung a. a. O. S. 82—89.

562 Zum Versuch des Ausschlusses dieser Rspr. durch das 2. Ges. z. Sich. d. Straßenverk. vgl. *Reinh. v. Hippel*, Individualgefahr, a. a. O.

sichtlich ihrer Effizienz offengelassen werden, da allenfalls großangelegte empirische Untersuchungen[563] zur Erhellung dieses zumindest vordergründig sehr unübersichtlichen Problems führen können.

§ 15
PROGNOSEENTSCHEIDUNGEN

Bei dem gegenwärtigen Stand der Gesetzgebung ist eine Behandlung der Prognoseentscheidungen auf mittlerer Konkretisierungsebene unter dem Postulat der Möglichkeit von Praxis nicht durchführbar. Insbesondere durch das 2. StrRG ist das Rechtsfolgensystem vor allem hinsichtlich der Sicherungsverwahrung und durch die neueingeführte Sozialtherapeutische Anstalt grundlegend verändert worden. Aber auch das Institut der Strafaussetzung zur Bewährung ist im Zusammenhang mit der Reduzierung kurzfristiger Freiheitsstrafen unter anderem durch neue, mehrdeutige und unerprobte Wendungen (vgl. insbes.: „Verteidigung der Rechtsordnung"; §§ 14, 23 III StGB) einschneidend novelliert worden. Für die Überprüfung der Prognosetechniken unter dem Postulat möglicher Praxis haben Sicherungsverwahrung und Einweisung in die Sozialtherapeutische Anstalt die größte Bedeutung. Da z. Zt. weder der materielle Anwendungsbereich abgeschätzt werden kann, noch vor Inkrafttreten der Bestimmungen Judikatur oder Richtlinien für Begutachtung oder Vollstreckung in noch nicht eingerichteten Anstaltstypen vorfindlich sind, müßte mit einer zu großen Zahl von Variablen gearbeitet werden. Darüber hinaus könnten die Kontexte allenfalls hypothetisch eingeführt werden, weil der bis zum Inkrafttreten der neuen Institute zu erarbeitende Besondere Teil noch nicht vorliegt. Andererseits verliert gegenüber den bereits promulgierten Gesetzen eine Analyse der bisherigen Probleme weitgehend an Interesse, wenn diese nicht dazu dient, alte und neue Problemlagen zu kontrastieren. Deshalb muß darauf verzichtet werden, die bisherigen Untersuchungsergebnisse jetzt schon vorzulegen. Lediglich drei Thesen können wohl auch ohne konkreten Bezug für die weitere Reformarbeit erheblich sein:

These 1:

Wichtigster Unterschied zwischen Gefahrurteilen und Prognoseentscheidungen ist die Tatsache, daß sich Gefahrurteile auf Vergangenes beziehen, Prognoseentscheidungen dagegen ein futurum im Praesens sind, weil sie Erwartungen über zukünftiges Verhalten ausdrücken. Eine Bewertungsfunktion ist also bei den Prognoseentscheidungen ausgeschlossen, weil sie sich auf ein dynamisches Bewertungsobjekt beziehen.

---

[563] Die heute noch fehlen, vgl. dazu *Tiedemann,* a. a. O. S. 5.

These 2:

Prognoseentscheidungen müssen deshalb grundsätzlich überprüfbar sein. Dies ist bereits beim geltenden Recht formell selbstverständlich: die Strafaussetzung zur Bewährung kann widerrufen werden und Maßregeln der Sicherung und Besserung sind auszusetzen, sobald ihr Zweck den weiteren Vollzug nicht mehr erfordert. Diese notwendige Möglichkeit einer Korrektur der Entscheidung, oder besser: der ‚Kurskorrektur' ist materiell davon abhängig, ob das Institut so angelegt ist, daß es für die Entscheidung *relevante rückläufige Informationen produziert.* Dies ist bei der Strafaussetzung zur Bewährung nicht weiter problematisch, da sie eine experimentelle Situation schafft, in der der Delinquent sich verhält. Bei der Sicherungsverwahrung gegenwärtiger Art dagegen wird die experimentelle Situation als Folge der Sicherung total abgebaut, und aus dem Verhalten des Sicherungsverwahrten (gute oder schlechte Führung) läßt sich schlechthin nichts für die Entscheidung ableiten. Normativ ist zwar alles ‚in Ordnung', die Entscheidungskorrektur steht aber von seltenen Fällen abgesehen (praktisch nur Alter, dauernde Krankheit, Kastration) nur auf dem Papier. Wie weit das 2. StrRG daran etwas ändern wird, kann in bezug auf Praxis vorerst noch nicht materiell überprüft werden.

These 3:

Wie weit die notwendigen rückläufigen Informationen produziert werden können, muß bereits bei der Novellierung des Besonderen Teils auf dem Hintergrund kriminologischer Forschung in Form von Hypothesen Gegenstand gesetzgeberischer Entscheidungen sein, verbunden mit der Bereitschaft, bei etwa notwendigen Korrekturen der Hypothesen auch das normative System entsprechend zu novellieren. Gesetzgebung ist bei Prognoseentscheidungen in besonderem Maße als experimentell, d. h. vorläufig anzusehen. Sie bedarf deshalb selber rückläufiger Informationen. Die Einführung elektronischer Datenverarbeitung im Recht muß deshalb nicht nur im Hinblick auf Rechtsanwendung, sondern auch auf Nachsteuerung bei der Gesetzgebung geplant werden. Dann ergäbe sich auch eine stärkere Kontrolle der Rechtswirklichkeit durch die Gesetzgebung, die heute weitgehend kaum noch besteht.

LITERATUR- UND ABKÜRZUNGSVERZEICHNIS

Bei mehreren Beiträgen eines Autors wird im Text das in ( ) angegebene Titelstichwort angeführt. Im übrigen werden die allgemein gebräuchlichen Abkürzungen verwendet.

Altavilla, Enrico: Forensische Psychologie Bd. II: Die Psychologie der Strafprozeßbeteiligten. Dt. Ausg. d. 4. ital. Aufl. 1955, o. J.

Arbeitsgruppe für Datenverarbeitung im BMJ: Bericht der: vom 1. 2. 1970: Juristisches Informationssystem mit Hilfe der elektronischen Datenverarbeitung. Beilage zum Bundesanzeiger Nr. 41 v. 28. 2. 70.

Baumann, Jürgen: Probleme der Fahrlässigkeit bei Straßenverkehrsunfällen. in: Kriminalbiol. Gegenwartsfragen. 4/1960. S. 100 ff. (Probleme).
Schuld und Verantwortung. in: JZ 62, 41 ff. (Schuld).
Strafrecht Allg. Teil 5. Aufl. 1968 (Lehrbuch).

Beitzke, Hosemann, Dahr, Schade: Vaterschaftsgutachten für die gerichtliche Praxis. 2. Aufl. 1965.

Bendix, Ludwig: Die tatsächliche Feststellung im Strafurteil — eine Fiktion. in: Recht- und Wirtschaft. 1918. S. 184 ff.

Bergson, Henri: Denken und schöpferisches Werden. Dt. Ausg. d. 22. Aufl. 1948. (Denken).
Zeit und Freiheit. Dt. Ausg. d. 2. Aufl. 1949. (Zeit).

Bilz, Rudolf: Pars pro toto. Ein Beitrag zur Pathologie menschlicher Affekte und Organfunktionen. 1940.

Binavince, Emilio S.: Die vier Momente der Fahrlässigkeitsdelikte. 1969.

BK: Bonner Kommentar zum Grundgesetz. Zweitbearbeitungen 1964 ff.

Black, Max: Language and Philosophy. Studies in Method. New York/Ithaca. 1949.

Bloch, Ernst: Philosophische Grundfragen I: Zur Ontologie des Noch-Nicht-Seins. 1961.

Bohne, Gotthold: Zur Psychologie der richterlichen Überzeugung. 1948 (Überzeugungsbildung).
Abhängigkeit und Selbständigkeit in der Verbrecherwelt und bei der Bekämpfung des Verbrechens. in: *L. v. Wiese* (Hrsg.): Abhängigkeit und Selbständigkeit im sozialen Leben. 1951. (Abhängigkeit).

Braithwaite, R. B.: On unknown probabilities. in: *Körner/Pryce* (Ed.): Observation and interpretation. Colston Papers. Vol. IX. London 1957. S. 3 ff.

v. Buri, M.: Die Causalität und ihre strafrechtlichen Beziehungen. 1855. (Causalität 1).
Über Causalität und deren Verantwortung. 1873 (Causalität 2).

v. Caemmerer, Ernst: Das Problem des Kausalzusammenhangs im Privatrecht. 1956.

Carnap, Rudolf: Die physikalische Sprache als Universalsprache der Wissenschaft. in: Erkenntnis II. (1931). S. 432 ff. (Universalsprache).
Psychologie in physikalischer Sprache. in: Erkenntnis III. (1932). S. 107 ff. (Psychologie).
Über Protokollsätze. in: Erkenntnis III. (1932). S. 215 ff. (Protokollsätze).
Logical Foundations of the Unity of Science. in: International Encyclopedia of Unified Science. Vol. I. (1938). p. 42 ff. (Unity of Science).
Andere Seiten der Philosophie. in: 1. Monat Nr. 224 (Mai 1967); zit. nach: 2. Club Voltaire Bd. III. 1967. S. 360 ff. (Andere Seiten).

Carnap, Rudolf / Stegmüller, Wolfgang: Induktive Logik und Wahrscheinlichkeit. Wien. 1959. (Carnap-Stegmüller).

Cohen, John / Hansel, Mark: Glück und Risiko. Die Lehre von der subjektiven Wahrscheinlichkeit. Dt. Ausg. 1961.

Czuber, E.: Die philosophischen Grundlagen der Wahrscheinlichkeitsrechnung. 1923.

Dahr, P.: Blutgruppengutachten. in: *Beitzke* u. a. a. a. O. S. 65 ff.

Dahs, Hans: Anmerkung zu Bay. ObLG in NJW 65, 1448 ff. ebda.

Dewey, John: Unity of Science as a Social Problem. in: International Encyclopedia of Unified Science. Vol. I. (1938). p. 29 ff.

Dreher, Eduard: Strafgesetzbuch. Kommentar 31. Aufl. 1970.

Edelmann, Johann: Die Entwicklung der Interessenjurisprudenz. Eine historisch-kritische Studie über die deutsche Rechtsmethodologie vom 18. Jahrhundert bis zur Gegenwart. 1967.

Eisler, Rudolf: Handwörterbuch der Philosophie. 1913.

Engisch, Karl: Die Kausalität als Merkmal der strafrechtlichen Tatbestände. 1931. (Kausalität).
Vom Weltbild des Juristen. 1950. (Weltbild).
Die Idee der Konkretisierung in Recht und Rechtswissenschaft unserer Zeit. 1953. (Konkretisierung).
Die Relativität der Rechtsbegriffe. in: Deutsche Landesreferate zum V. Internat. Kongreß für Rechtsvergleichung in Brüssel 1958. Hrsg.: Murad *Ferid.* S. 59 ff. (Relativität).
Einführung in das juristische Denken. 2. Aufl. 1959. (Einführung).
Aufgaben einer Logik und Methodik des juristischen Denkens. in: Studium generale. 12 (1959). S. 76 ff. (Aufgaben).

Logische Studien zur Gesetzesanwendung. 2. Aufl. 1960. (Logische Studien).

Esser, Josef: Grundsatz und Norm in der richterlichen Fortbildung des Privatrechts. 1956.

Feller, W.: An Introduction to Probability Theory and its Applications, Vol. I. 2. Aufl. New York u. London. 1957.

Fiedler, Herbert: Ulrich *Klugs* Juristische Logik. in: ARSP. 1959. S. 439 ff. (Klug 1).
Rezension zu *Klug* Juristische Logik, 2. Aufl. in: ZStW 73, (1961) S. 237 ff. (Klug 2).
Rezension von *Schreiber,* Logik des Rechts. in: AcP 162 (1963). S. 515 f. (Schreiber).
Juristische Logik in mathematischer Sicht. in: ARSP 1966. S. 93 ff. (Mathematische Sicht).

Frank, Reinhard: Das Strafgesetzbuch für das Deutsche Reich. 18. Aufl. 1931.

Fuchs, Erwin: Kausalzusammenhang und Haftungsbeschränkung. in: DAR 1960, S. 5 ff.

Gäfgen, Gérard: Theorie der wirtschaftlichen Entscheidung. Untersuchungen zur Logik und ökonomischen Bedeutung des rationalen Handelns. 2. Aufl. 1968.

Glaser, Julius: Abhandlungen aus dem Österreichischen Strafrecht. Wien. 1958.

Goldschmidt, James: Materielles Justizrecht. Rechtsschutzanspruch und Strafrecht. SA aus: Festgabe für Bernhard *Hübler.* 1905. (Justizrecht)
Der Prozeß als Rechtslage. Eine Kritik des prozessualen Denkens. Berlin. 1925. (Prozeßlage).

Goodman, Nelson: Fact, Fiction and Forecast. London. 1954.

Grumbrecht, Jürgen: Der Beweis der offenbaren Unmöglichkeit der Vaterschaft. 1967.

Grünhut, Max: Begriffsbildung und Rechtsanwendung im Strafrecht. 1926.

Habermas, Jürgen: Dogmatismus, Vernunft und Entscheidung — Zu Theorie und Praxis in der verwissenschaftlichten Zivilisation. in: ders.: Theorie und Praxis. 1963. S. 231 ff.

Haddenbrock, S.: Die Unbestimmtheitsrelation von Freiheit und Unfreiheit als methodologischer Grenzbegriff der forensischen Psychiatrie. Vorschläge zur theoretischen und praktischen Bewältigung von § 51 StGB, insbesondere des forensischen Psychopathie- und Neuroseproblems. in: Nervenarzt 32 (1961) S. 145 ff.

Hardwig, Werner: Verursachung und Erfolgszurechnung. in: JZ 68, S. 289 ff.

Hartmann, Nicolai: Möglichkeit und Wirklichkeit. 2. Aufl. 1949.

Hartung, Fritz: Zweites Gesetz zur Sicherung des Straßenverkehrs. 1965.

Hassemer, Winfried: Tatbestand und Typus. 1968.

Heck, Philipp: Begriffsbildung und Interessenjurisprudenz. 1932.

Helmer, Olaf / Rescher, Nicholas: On the Epistemology of the Inexact Sciences. in: Management Science Vol. 6. (1960). p. 25 ff.

Henke, Horst-Eberhard: Die Tatfrage. Der unbestimmte Begriff im Zivilrecht und seine Revisibilität. 1966.

v. Hippel, Reinhard: Vorsatzprobleme der Straßenverkehrsgefährdung de lege ferenda. in: ZStW 75 (1963), S. 443 ff. (Vorsatzprobleme).
Zeugeneid — Beweismittel — Beweisrecht. in: Festgabe für Ernst *v. Hippel,* 1965. S. 117 ff. (Zeugeneid).
Untersuchungen über den Rücktritt vom Versuch. Zugleich ein Beitrag zur allgemeinen Versuchslehre. 1966. (Versuch).
Die „Individualgefahr“ in §§ 315 bis 315 d StGB — exemplum eines elementaren Problems der Gesetzgebungskunst. in: ZStW 80 (1968). S. 378 ff. (Individualgefahr).
Grundlagenprobleme beim militärischen Ungehorsam (§ 19 WStG). in: NZ Wehrr. XI (1969). S. 217 ff. (Grundlagenprobleme).

v. Hippel, Robert: Deutsches Strafrecht. Bd. I. 1925. Bd. II. 1930. (Strafrecht).
Der deutsche Strafprozeß. 1941. (Strafprozeß).

Holtappels, Peter: Die Entwicklungsgeschichte des Grundsatzes „in dubio pro reo“. 1965.

Hruschka, Joachim: Die Konstitution des Rechtsfalles. Studien zum Verhältnis von Tatsachenfeststellung und Rechtsanwendung. 1965.

Hülle: Urteilsanmerkung in: LM Nr. 40 zu § 222 StGB.

Husserl, Gerhart: Recht und Prozeß. in: ders. Recht und Zeit. 1955. S. 145 ff.

Jahn, Gerhard: Elektronische Datenverarbeitung im Dienste der Justiz. in: BMJ-Informationen Nr. 11/1970 v. 25. 2. 1970.

Jeffreys, Harold: Theory of Probability. 2. Ed. Oxford. 1948.

Jescheck, Hans-Heinrich: Methoden der Strafrechtswissenschaft. in: Studium generale. 12 (1959). S. 107 ff. (Methoden).
Aufbau und Behandlung der Fahrlässigkeit im modernen Strafrecht. 1965. (Fahrlässigkeit).
Lehrbuch des Strafrechts. Allgm. Teil. 1969. (Lehrbuch).

Jsay, Hermann: Rechtsnorm und Entscheidung. 1929.

v. Juhos, Bèla: Deduktion, Induktion und Wahrscheinlichkeit. in: Methodos VI (1954). S. 259 ff. (Wahrscheinlichkeit).
Die Methode der fiktiven Prädikate. in: Archiv f. Philosophie. Bd. IX. (1958/59). S. 140 ff., 314 ff.; Bd. X (1960/61) S. 114 ff. S. 228 ff. (Prädikate).

Kahrs, Hansjürgen: Das Vermeidbarkeitsprinzip und die conditio-sine-qua-non-Formel im Strafrecht. 1968.

Kaufmann, Arthur: Die Bedeutung hypothetischer Erfolgsursachen im Strafrecht. in: Festschrift für Eberhard *Schmidt* zum 70. Geburtstag. 1961. S. 200 ff.

Kellerer, Hans: Statistik im modernen Wirtschafts- und Sozialleben. 1960.

Kelsen, Hans: Reine Rechtslehre. 2. Aufl. Wien. 1960.

Klaus, Georg / Buhr, Manfred: Philosophisches Wörterbuch. o. J.

Klauser, Karl-August: Zur Kausalität beim Betrug. in: NJW 59. S. 2245 ff.

Kleinknecht, Theodor: Das Fehlurteil im Strafprozeß. in: GA 61. S. 45 ff. (Fehlurteil).
Gesetz zur Änderung der Strafprozeßordnung und des Gerichtsverfassungsgesetzes (StPÄG). in: JZ 65. S. 153 ff. (StPÄG).

Klug, Ulrich: Juristische Logik. 3. Aufl. 1966.

Kohlrausch-Lange: Strafgesetzbuch. 43. Aufl. 1961.

Kriele, Martin: Theorie der Rechtsgewinnung, entwickelt am Problem der Verfassungsinterpretation. 1967.

Lackner, Karl: Das konkrete Gefährdungsdelikt im Verkehrsstrafrecht. 1967.

Lackner-Maassen: Strafgesetzbuch. 5. Aufl. 1969.

Lampe, Ernst-Joachim: Täterschaft bei fahrlässiger Straftat. in: ZStW 71 (1959). S. 579 ff. (Täterschaft).
Das personale Unrecht. 1967. (Unrecht).

Lange, Richard: Die Systematik der Strafdrohungen. in: Materialien z. Strafrechtsreform Bd. I. Gutachten der Strafrechtslehrer. 1954. (Systematik).
Der Strafgesetzgeber und die Schuldlehre. Zugleich ein Beitrag zum Unrechtsbegriff bei den Zuwiderhandlungen. in: JZ 56, S. 73 ff. (Schuldlehre).
Die Magna Charta der anständigen Leute. in: JZ 56. S. 519 ff. (Magna Charta).
Nur eine Ordnungswidrigkeit. in: JZ 57, S. 233 ff. (Ordnungswidrigkeit).

Lehmann, Barbara: Die Bestrafung des Versuchs nach deutschem und amerikanischem Recht. 1962.

Leipold, Dieter: Beweislastregeln und gesetzliche Vermutungen, insbesondere bei Verweisungen zwischen verschiedenen Rechtsgebieten. 1966.

LK: Strafgesetzbuch (Leipziger Kommentar). 8. Aufl. Bd. I. 1957. Bd. II. 1958.

Loewe-Rosenberg: Die Strafprozeßordnung usw. Bd. I. 21. Aufl. 1963.

Lüderssen, Klaus: Einleitung in: ders. (Ed.): Paul Johann Anselm Feuerbach und Carl Joseph Anton Mittermaier, Theorie der Erfahrung in der Rechtswissenschaft des 19. Jahrhunderts. Zwei methodologische Schriften. 1968. S. 7 ff.

Luhmann, Niklas: Zweckbegriff und Systemrationalität. Über die Funktion von Zwecken in sozialen Systemen. 1968. (Zweckbegriff).
Legitimation durch Verfahren. 1969. (Verfahren).

v. Mangoldt/Klein: Das Bonner Grundgesetz. Bd. I. 2. Aufl. 1957.

Maurach, Reinhart: Deutsches Strafrecht. Allg. Teil. 3. Aufl. 1965.

Mayer, Max Ernst: Der Allgemeine Teil des Deutschen Strafrechts. 1915.

Merkl, Adolf: Zum Interpretationsproblem. in: Grünhuts Z. 42 (1916). S. 535 ff.

Merton, Robert K.: Social Theory and Social Structure. 2. Ed. Glencoe/Ill. 1957/62.

Meyer, Fritz: Rückfallsprognose bei unbestimmt verurteilten Jugendlichen. 1956.

Mezger, Edmund: Anmerkung zu BGH JZ 58, 280. ebda. S. 281.

Mezger-Blei: Strafrecht I, Allgemeiner Teil. 13. Aufl. 1968.

v. Mises, Richard: Wahrscheinlichkeit, Statistik und Wahrheit. 1. Aufl. Wien. 1928.

Morris, Charles W.: Foundations of the Theory of Signs. in: Internat. Encycl. of Unif. Science. Vol. I (1938). p. 1 ff.

Mühlhaus, Hermann: Zur Frage der Ursächlichkeit eines Fahrfehlers für den Verkehrsunfall. in: DAR 1965. S. 35 ff. (Ursächlichkeit).
Tatbestand, Rechtswidrigkeit und Schuld im fahrlässigen Erfolgsdelikt. in: DAR 1967. S. 34 ff. (Tatbestand).

Müller-Erzbach, Rudolf: Die Relativität der Begriffe und ihre Begrenzung durch den Zweck des Gesetzes. in: JhJb 61 (1913). S. 343 ff.

Münzberg, Wolfgang: Verhalten und Erfolg als Grundlagen der Rechtswidrigkeit und Haftung. 1966.

Naucke, Wolfgang: Zur Lehre vom strafbaren Betrug. Ein Beitrag zum Verhältnis von Strafrechtsdogmatik und Kriminologie. 1964. (Betrug).
Über den Einfluß Kants auf Theorie und Praxis des Strafrechts im 19. Jahrhundert. SA aus: Blühdorn/Ritter (Hrsg.): Philosophie und Rechtswissenschaft. o. J. (Kant).

Neurath, Otto: Protokollsätze. in: Erkenntnis III (1932). S. 204 ff.

Niederschriften: über die Sitzungen der Großen Strafrechtskommission. Bd. 8. 1959.

Niese, Werner: Doppelfunktionelle Prozeßhandlungen. Ein Beitrag zur allgemeinen Prozeßrechtslehre. 1950.

Nietzsche, Friedrich Wilhelm: Zur Genealogie der Moral. in: Werke 1. Abt. Bd. VII. Leipzig. 1910. S. 287 ff.

Oehler, Dietrich: Das erfolgsqualifizierte Delikt als Gefährdungsdelikt. in: ZStW 69 (1957). S. 503 ff. (Erfolgsqualifizierung).
Die erlaubte Gefahrsetzung und die Fahrlässigkeit. in: Festschrift für Eberhard *Schmidt* zum 70. Geburtstag. 1961. S. 232 ff. (Gefahrsetzung).

v. Olshausen, J.: Kommentar zum Strafgesetzbuch. 12. Aufl. 1942 ff.

Otto, Hermann: Der Prozeß als Spiel. 1918.

Pallottino, Massimo: Die Etrusker. Dt. Ausg. 1965.

Pape, Ingetrud: Tradition und Transformation der Modalität. Bd. I.: Möglichkeit und Unmöglichkeit. 1966.

Peters, Karl: Die strafrechtsgestaltende Kraft des Strafprozesses. 1963. (Strafrechtsgestaltende Kraft).
Strafprozeß. 2. Aufl. 1966. (Strafprozeß).
Strafprozeßlehre. Zugleich ein Beitrag zur Rollenproblematik im Strafprozeß. in: Gedächtnisschrift für Hans *Peters*. 1967. S. 891 ff. (Strafprozeßlehre).
Untersuchungen zum Fehlurteil im Strafprozeß. 1967. (Fehlurteil).

Peters, Karl u. a.: Fehlerquellen im Strafprozeß. Eine Untersuchung der Wiederaufnahmeverfahren in der Bundesrepublik Deutschland. Bd. I. Einführung und Dokumentation. 1970. (Fehlerquellen).

Petters-Preisendanz: Strafgesetzbuch. 25. Aufl. 1965.

Planck, Max: Vorträge und Erinnerungen. 5. Aufl. 1949.

Popper, Karl R.: A Note on Natural Laws und So-Called "Contrary-to-Fact Conditionals". in: Mind. 1949. p. 62 ff. (Natural Laws).
Probability Magic or Knowledge out of Ignorance. in: Dialectica. 11 (1957). S. 354 ff. (Probability).
The propensity interpretation of the calculus of probability and the quantum theory. in: Körner/Pryce (Ed.) Observation and interpretation. Colston Papers. Vol. IX. London. 1957. S. 65 ff. (calculus).
The Logic of Scientific Discovery. 2. verm. Aufl. d. dt. Ausg. London. 1959. (LSD).
The Propensity Interpretation of Probability. in: British Journal for the Philosophy of Science. X (1959/60). p. 25 ff. (Propensity).
Conjectures and Refutations. London. 1963/65. (Conjectures).

Radbruch, Gustav: Zur Systematik der Verbrechenslehre. in: *Frank*-Festgabe I. 1930. S. 158 ff.

Rehbein, Klaus: Methodenfragen der Kriminalwissenschaft. 1968.

Reichenbach, Hans: Der Aufstieg der wissenschaftlichen Philosophie. Dt. Ausg. d. amerik. Orig. Ausg. v. 1951. o. J.

Rittler, Theodor: Lehrbuch des österreichischen Strafrechts. Bd. II. 2. Aufl. Wien. 1962.

Roxin, Claus: Pflichtwidrigkeit und Erfolg bei fahrlässigen Delikten. in: ZStW 74 (1962) S. 411 ff. (Pflichtwidrigkeit).
Straftaten im Rahmen organisierter Machtapparate. in: GA 1963. S. 193 ff. (Straftaten).
Rezension zu Ulsenheimer (Pflichtwidrigkeit a. a. O.) in: ZStW 78 (1966). S. 214 ff. (Literaturbericht).
Täterschaft und Tatherrschaft. 2. Aufl. 1967. (Tatherrschaft).

Russell, Bertrand: Vagueness. in: The Australasian Journal of Psychology

and Philosophy. Vol. I. (1923). S. 84 ff. (Vagueness).
Human Knowledge. New York. 1948. (Knowledge).

Salm, Karl: Das vollendete Verbrechen. 1. Tl. Über Fahrlässigkeit und Kausalität. 2. Halbbd. Einzelprobleme. 1967.

Sarstedt, Werner: Die Revision in Strafsachen. 4. Aufl. 1962.

Schäfer, Karl: Einleitung in: Loewe-Rosenberg, a. a. O.

Schaff, Adam: Essays über die Philosophie der Sprache. Dt. Ausg. 1968.

Schleichert, Hubert: Bemerkungen zur Verifikationstheorie. in: Festschrift für Victor *Kraft*. S. 159 ff.

Schmidhäuser, Eberhard: Strafrecht. Allgemeiner Teil. 1970.

Schmidt, Eberhard: Lehrkommentar zur StPO und zum GVG. Teil I. 2. Aufl. 1964. Teil II. 1957. (Lehrkommentar).
Freiheitsstrafe, Ersatzfreiheitsstrafe und Strafzumessung im Alternativ-Entwurf eines Strafgesetzbuchs. in: NJW 1967. S. 1929 ff. (Freiheitsstrafe).

Schneider, Hans Joachim: Prognostische Beurteilung des Rechtsbrechers: Die ausländische Forschung. in: *Undeutsch* (Hrsg.): Forensische Psychologie = Handb. d. Psych. Bd. 11. 1967. S. 397 ff.

Schönke-Schröder: Strafgesetzbuch. 15. Aufl. 1970.

Schopenhauer, Arthur: Parerga und Paralipomena. Bd. II = Werke Ed. Deussen Bd. V. 1913.

Schreiber, Rupert: Logik des Rechts. 1962.

Schröder, Horst: Abstrakt-konkrete Gefährdungsdelikte? in: JZ 67. S. 522 ff.

Schwalm, Georg: Die Schuldfähigkeit nach dem Strafgesetzentwurf 1960. in: MDR 60. S. 537 ff.

Seebald, Rudolf: Nachweis der modifizierenden Kausalität des pflichtwidrigen Verhaltens. in: GA 1969. S. 193 ff.

Spendel, Günter: Die Kausalitätsformel der Bedingungstheorie für die Handlungsdelikte. Eine kritische Untersuchung der Conditio-sine-qua-non-Formel im Strafrecht. 1948. (Kausalität).
Zur Unterscheidung von Tun und Unterlassen. in: Festschr. f. Eberh. *Schmidt* z. 70. Geburtst. 1961. S. 183 ff. (Unterlassen).
Conditio-sine-qua-non-Gedanke und Fahrlässigkeitsdelikt — BGHSt 11,1. in: JuS 1964. S. 14 ff. (c. s. q. n.).

Stegmüller, Wolfgang: Der Evidenzbegriff in der formalisierten Logik und Mathematik. in: Wiener Ztschr. f. Philos./Psycho./Pädag. Bd. IV. (1953). S. 288 ff. (Evidenzbegriff).
Conditio irrealis, Dispositionen, Naturgesetze und Induktion. in: Kant-Studien Bd. 50. (1958/59). S. 363 ff. (conditio).

Stoll, Hans: Kausalzusammenhang und Normzweck im Deliktsrecht. 1968.

Stempell, Dieter: Programmierte Einführung in die Wahrscheinlichkeitsrechnung. 1968.

Stevenson, Charles: Ethics and Language. New York. 1960.

Strohal, R.: Bemerkungen zur Hypothesenwahrscheinlichkeit. in: Studium generale. IV (1951). S. 80 ff.

Tarsky, Alfred: The Semantic Conception of Truth. in: Philosophy and Phaenomenological Research. 4 (1943/44). S. 341 ff.

Thibaut, A. F. J.: Theorie der logischen Auslegung des Römischen Rechts. 2. Aufl. 1806.

Tiedemann, Klaus: Strafrechtspolitik und Dogmatik in den Entwürfen zu einem dritten Strafrechtsreformgesetz. Hrsgg. v. d. Fr.-Ebert-Stiftung. 1970.

Topitsch, Ernst: Über Leerformeln. Zur Pragmatik des Sprachgebrauchs in Philosophie und politischer Theorie. in: Festgabe für Victor *Kraft*. S. 233 ff.

Toulmin, Stephan: Voraussicht und Verstehen. Ein Versuch über die Ziele der Wissenschaft. Dt. Ausg. 1968.

Ulsenheimer, Klaus: Das Verhältnis zwischen Pflichtwidrigkeit und Erfolg bei den Fahrlässigkeitsdelikten. 1965. (Pflichtwidrigkeit).
Erfolgsrelevante und erfolgsneutrale Pflichtverletzungen im Rahmen der Fahrlässigkeitsdelikte. in: JZ 69. S. 364 ff. (Pflichtverletzungen).

Vetter, Hermann: Wahrscheinlichkeit und logischer Spielraum. Eine Untersuchung zur induktiven Logik. 1967.

Viehweg, Theodor: Topik und Jurisprudenz. 1. Aufl. 1953.

Weber, OStA Dr.: Anmerkung zur E. JW 1925. S. 983 f. Nr. 38. ebda.

Wehner, Bernd: Die Latenz der Straftaten. 1957.

Weimar, Robert: Psychologische Strukturen richterlicher Entscheidung. 1969.

Wein, Hermann: Philosophie als Erfahrungswissenschaft. Aufsätze zur philosophischen Anthropologie und Sprachphilosophie. Den Haag. 1965.

v. Weizsäcker, Carl Friedrich: Zum Weltbild der Physik. 3. Aufl. 1945.

Welzel, Hans: Der Verbotsirrtum im Nebenstrafrecht. in: JZ 56. S. 238 ff. (Nebenstrafrecht).
Anmerkung zu BGH 5 StR 219/56. in: JZ 57. S. 130 ff. (Anmerkung).
Fahrlässigkeit und Verkehrsdelikte. Zur Dogmatik der fahrlässigen Delikte. 1961. (Verkehrsdelikte).
Das Deutsche Strafrecht. 11. Aufl. 1969. (Lehrbuch).

Wessels, Johannes: Anmerkung zu BGH JZ 67, 449. ebda.

Whorf, Benjamin Lee: Sprache — Denken — Wirklichkeit. Beiträge zur Metalinguistik und Sprachphilosophie. Dt. Ausg. 1963.

Wieacker, Franz: Rezension zu *Werner*, Fritz: Zum Verhältnis von gesetzlichen Generalklauseln und Richterrecht. in: JZ 67. S. 716 f.

Wiener, Norbert: Kybernetik. Regelung und Nachrichtenübertragung im Lebewesen und in der Maschine. 2. Aufl. d. dt. Ausg. 1963.

Wolff, Ernst Amadeus: Kausalität von Tun und Unterlassen. 1965.

FSC
www.fsc.org
MIX
Papier | Fördert gute Waldnutzung
FSC® C083411

Kolibri 360 GmbH
Ferdinand-Jühlke-Straße 7
99095 Erfurt, Deutschland
produktsicherheit@kolibri360.de